Ann-Christin Siegemund

Dachkonstruktion

Ann-Christin Siegemund

Dachkonstruktion

3. Auflage

BIRKHÄUSER
BASEL

Inhalt

Vorwort

Das „Dach über dem Kopf" ist eines der Grundbedürfnisse des menschlichen Daseins – es schützt vor Regen, Wind und Kälte. Diese bauphysikalischen Anforderungen werden durch Lastabtrag und Stabilität ergänzt; vielfältige Funktionen, die ein Dach zu erfüllen hat. Aus handwerklichen Traditionen haben sich verschiedene Dachformen und -typologien gebildet, die diese Aufgaben auf unterschiedliche Weise erfüllen und bis heute Bestand haben.

Das Dach muss aber auch ästhetischen Ansprüchen genügen – nicht selten bezeichnet man es als fünfte Fassade. Varianten von Flachdächern und geneigten Dachformen prägen ganze Kulturlandschaften und sind auch für moderne Gebäude essenzielle Stilmittel. Somit ist die Gestaltung der fünften Fassade eines Gebäudes ein wesentliches Mittel im Architekturentwurf und in der Baukonstruktion und wird in diesem Band mit seinen vielfältigen Facetten behandelt.

Der Band Basics Dachkonstruktion richtet sich an Studierende, die sich zum ersten Mal baukonstruktiv mit Dächern beschäftigen. Es wird erläutert, welche Arten von Dächern es gibt, wie die Konstruktionsarten den baukonstruktiven Anforderungen gerecht werden können und welche Vor- und Nachteile sie haben. Das Buch stellt verständlich dar, welche Aufgaben einzelne konstruktive Elemente und Schichten übernehmen und wie diese planerisch zu berücksichtigen sind. Dies reicht von der elementaren Dachkonstruktion über Dämmung und Abdichtung, Beläge und Oberflächen bis hin zu Grundlagen der Entwässerung. Ziel ist es, den Studierenden die Prinzipien, Eigenschaften und notwendigen Fachbegriffe der Dachformen und -arten an die Hand zu geben, damit sie die Zusammenhänge und Unterschiede in konkrete Entwurfs- und Konstruktionsarbeit umsetzen können.

Der nun in zweiter Auflage erschienene Band wurde strukturell und inhaltlich neu ausgerichtet. Neben der grundlegenden Aktualisierung der Inhalte beschreibt die Autorin zunächst die vielfältigen Anforderungen, denen ein Dach begegnen muss, um dann geneigte Dächer und Flachdächer zu erläutern. Ausführlich behandelt werden nun auch Themen wie Fotovoltaik- und Kollektoranlagen sowie Gründächer, die aus Gründen des Klimaschutzes heutzutage zum allgemeinen Standard gehören.

Bert Bielefeld, Herausgeber

Einführung

Das Dach ist ein Teil der Außenhaut eines Gebäudes und erfüllt diverse Aufgaben, die teilweise auch den einzelnen Bestandteilen einer Dachkonstruktion zugeordnet werden können. Eine geschlossene Deckung und Abdichtung schützen den darunterliegenden Raum, ob offen oder geschlossen, vor Wind, Regen und direkter Sonneneinstrahlung. Die Dämmebene sorgt dafür, dass eine zu starke Aufheizung beziehungsweise Wärmeverluste reduziert werden. Vervollständigt wird das Dach durch die tragende Konstruktion, die sowohl die durch den Aufbau entstehenden als auch die von außen einwirkenden Kräfte selbst tragen und direkt oder über Außenwände, Stützen und Fundamente in den Baugrund ableiten muss. Darüber hinaus gibt es weitere Bestandteile, die zur Einhaltung der eigentlichen Funktionen notwendig sind.

Zusätzlich zu den Schutzfunktionen werden jedoch auch ästhetische Anforderungen an das Dach gestellt, die sich auf das Zusammenspiel von Form, Konstruktion, Aufbauten und Detailpunkten auswirken. Unter aktuellen klimapolitischen Aspekten kommt noch hinzu, dass Dächer beispielsweise durch die Anordnung von Begrünungen die Möglichkeit bieten, einen Anteil der durch das Gebäude versiegelten Fläche auszugleichen.

Die Auswahl der einzelnen Komponenten sollte im Bauvorhaben jedoch immer der Bauaufgabe angepasst sein. So sind aufwendige, vorgefertigte Stahlkonstruktionen im privaten Wohnungsbau selten zu finden; im Industriebau hingegen ist man bemüht, handwerklich ausgeführte Details auf der Baustelle zu vermeiden.

Neben den Entwurf betreffenden oder planungsrechtlichen Gründen für eine bestimmte Dachform gibt es auch regionaltypische Unterschiede. In alpinen Regionen findet man meist flach geneigte Dächer mit großem Dachüberstand, während in den nördlichen Küstenregionen Europas eher giebelständige Häuser > siehe Kap. Dachformen mit steilen Dachneigungen vorherrschen. Auch die Gebäudenutzung hat typische Dachformen hervorgebracht: Tennishallen beispielsweise haben oft, dem Flug des Balls folgend, gewölbte Tonnendächer, wohingegen normale Veranstaltungsräume oft flache Dächer für flexible Nutzungen haben. Unterschiedliche Dachformen können auch miteinander kombiniert werden.

Grundsätzlich unterscheidet man geneigte Dächer und Flachdächer, wobei in der Regel ab einer Dachneigung von mehr als 5° von einem geneigten Dach gesprochen wird. Da sich diese beiden Dachformen in Aufbau und Funktion deutlich unterscheiden, werden ihre Betrachtungen, nach Beschreibung einiger Grundlagen, in diesem Buch getrennt vorgenommen.

Grundlagen und Einflussfaktoren

Die Entscheidung für eine bestimmte Dachform, das Tragwerk, die Materialien der einzelnen Schichten und zusätzliche Bestandteile ist neben dem reinen Gestaltungsgedanken von diversen Faktoren abhängig. Nachfolgend werden einige Grundlagen der einflussnehmenden Faktoren Statik, Baurecht, Bauphysik, Brandschutz und Baustoffe kurz erläutert, um die Zusammenhänge und im Folgenden beschriebenen Konstruktionsweisen verständlich zu machen.

LASTARTEN UND KRÄFTE

Die Statik eines Gebäudes betrifft dessen Standsicherheit und das Gleichgewicht der Kräfte, denn die Bauteile sollen in Ruhelage sein. Daraus folgt, dass die Gegenkraft genauso groß sein muss, wie die angreifenden Kräfte. Weiterhin muss sichergestellt sein, dass auch die inneren Kräfte im Gleichgewicht sind. Das bedeutet, dass das Bauteil seiner Beanspruchung standhalten muss. Dies ist abhängig von seiner Dimension sowie von der Festigkeit und Elastizität des Materials.

Wird ein Bauteil infolge seiner Beanspruchung komprimiert, entstehen Druckkräfte. Wenn die angreifenden Kräfte ein Bauteil auseinanderziehen, entstehen Zugkräfte. Wirken auf ein Bauteil gegensätzliche Kräfte, die an unterschiedlichen Punkten angreifen, verdreht es sich. Für diese Torsion werden im Bauwesen in der Regel die technischen Begriffe Moment oder Drehmoment verwendet. Die Summe der maximal anfallenden Kräfte bildet die Auflagerkraft, die in die darunterliegende Konstruktion eingeleitet wird und darin aufgenommen werden muss.

> Druck- und Zugkraft, Moment

Auf ein Gebäude wirken unterschiedliche Kräfte, die bei der Planung ermittelt werden müssen. Die an ein Gebäude oder ein Bauteil angreifenden Kräfte werden auch nach ihrer Wirkungsrichtung bezeichnet: Man unterscheidet zwischen Längskräften und Querkräften. Lasten können sowohl horizontal in Längs- und Querrichtung als auch vertikal wirken. > Abb. 1

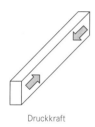
Druckkraft

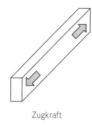
Zugkraft

Moment

Abb. 1: Kräfte

Die Zusammenstellung der einzelnen Lasten bildet die Grundlage zur Bemessung einer Dachkonstruktion. Hier muss der Planer bereits festlegen, welche Materialien zum Einsatz kommen sollen. Daraus kann das Eigengewicht der Konstruktion ermittelt werden. Die Eigenlast ist eine permanente Last. Sie wirkt vertikal nach unten. Zur Eigenlast kommt die Nutzlast. Dies können bewegliche Gegenstände wie Möbel oder auch Personen sein. Allerdings ist es nicht notwendig, alle Gegenstände einzeln zu erfassen und für die Bemessung der Konstruktion zu berücksichtigen. Je nachdem, ob man eine Wohnung, ein Lager oder eine Fabrik plant, können unterschiedliche Durchschnittswerte zugrunde gelegt werden. Ist für ein Bauteil keine Nutzung zu erwarten, wie z. B. für eine schräge Dachfläche, so ist dennoch nachzuweisen, dass die Fläche von einer Person zu Wartungszwecken und während der Montage betreten werden kann. Man spricht von der sogenannten Mannlast. Nutzlasten wirken in der Regel,
■ wie die Eigenlast, vertikal nach unten.

Tab. 1: Lastarten

Lastart		Dauer	Hauptrichtung	Ermittlung
Eigenlast		ständig	vertikal	Berechnung erfolgt über die Menge und die spezifischen Gewichte der Bauteile (in KN/qm)
Nutzlast		variabel	vertikal	Kann als Durchschnittswert für bestimmte Nutzungen aus Tabellenwerken entnommen werden (in KN/qm)
Schnee- und Eislast		variabel	vertikal	Kann in Abhängigkeit der Dachneigung und der ortsabhängigen Schneelastzone aus Tabellenwerten entnommen werden
Windlast – Winddruck		variabel	senkrecht zur Dachfläche	Kann in Abhängigkeit der Dachneigung und der ortsabhängigen Windlastzone aus Tabellenwerten entnommen werden
Windlast – Windsog		variabel	senkrecht zur Dachfläche	Kann in Abhängigkeit der Dachneigung, Gebäudehöhe und -ausrichtung aus Tabellenwerten entnommen werden

■ **Tipp:** Für die Zusammenstellung der Lasten gibt es in den Normen der unterschiedlichen Länder Tabellenwerke, aus denen die einzelnen Gewichte der Materialien und Bauteile, Annahmen für Nutz-, Schnee- und Windlasten entnommen werden können. Eine Auflistung der wichtigsten Normen ist im Anhang dieses Buches zu finden. Zur Vertiefung über das Thema Tragkonstruktion s. „Basics Tragkonstruktion" von Alfred Meistermann.

Von außen wirken Lasten aus Wind, Schnee und Eis auf das Dach. Während Schnee und Eis durch ihr Gewicht auf das Dach drücken, also ebenfalls vertikale Lasten erzeugen, kann der Wind sowohl horizontal als auch vertikal wirken. Man spricht von Windsog und Winddruck. Windsog wirkt als abhebende Kraft. Entsprechend belastete Bauteile müssen mit geeigneten Mitteln gesichert werden. > Tab. 1

BAUPHYSIK

Dächer müssen alle wesentlichen Aufgaben der Bauphysik in den Bereichen Wärme- und Feuchteschutz sowie Schall- und Brandschutz > Kap. Brandschutz erfüllen. Da die Bauphysik Einfluss auf die Konstruktionsweise und Gestaltung von Dächern hat, werden im Folgenden die wesentlichen Zusammenhänge erklärt.

Erhält das Gebäude einen guten Wärmeschutz, z. B. durch eine entsprechende Dämmung außenliegender Bauteile, so kann der Energiebedarf für die Beheizung oder Kühlung in der Nutzung wesentlich gesenkt werden. Hierbei sind nicht nur die Bauteilaufbauten, sondern auch die Übergänge zwischen verschiedenen Bauteilen relevant, da an diesen Stellen Wärmebrücken entstehen können.

○ Wärmebrücken

In beheizten Gebäuden werden die Dachkonstruktionen mit Dämmschichten versehen, die durch eine geringe Wärmeleitfähigkeit den Wärmeschutz des Gebäudes gewährleisten. Die Wärmeleitfähigkeit λ ist ein spezifischer Wert eines Materials und beschreibt die Energie, die pro Sekunde durch einen Würfel eines Materials mit 1 m Kantenlänge fließt, wenn der Temperaturunterschied der beiden außenliegenden

○ Wärmeleitfähigkeit

○ **Hinweis**: Der Begriff Wärmeschutz deckt sowohl den sommerlichen als auch den winterlichen Wärmeschutz ab.
Sommerlicher Wärmeschutz bedeutet, dass der Eintrag von Wärme in das Gebäude sowie der Einsatz von Energie für die Kühlung eines Gebäudes möglichst vermieden werden. Hierzu kann z. B. ein außenliegender Sonnenschutz vor Fenstern dienen.
Der winterliche Wärmeschutz bewirkt durch die Verringerung des spezifischen Wärmeverlustes eines Gebäudes, dass der Energiebedarf für die Beheizung eines Gebäudes vermindert wird. Auswirkungen auf den Wärmeverlust haben zum Beispiel das Verhältnis der Außenfläche zum beheizten Gebäudevolumen, die Dämmung der Außenbauteile, die Luftdichtheit oder Wärmebrücken.

○ **Hinweis:** Wärmebrücken oder auch Kältebrücken sind Detailpunkte der Konstruktion, an denen die Dämmebene eines Gebäudes unterbrochen oder die Dämmstoffstärke vermindert wird. Hier kann bei Temperaturdifferenzen zwischen innen und außen Wärme in das Gebäude eindringen (Sommerperiode) oder aus dem Gebäude entweichen (Winterperiode).

Seiten 1 Kelvin beträgt. Je geringer die Wärmeleitfähigkeit eines Materials ist, desto höher ist seine Dämmwirkung. Der Quotient der Dicke eines Materials und seiner Wärmeleitfähigkeit ergibt den Wärmedurchlasswiderstand (R) der Bauteilschicht. Die Summe der Wärmedurchlasswiderstände aller Schichten sowie des Wärmedurchgangswiderstandes auf der Außen- und Innenseite des Bauteils ergeben den Wärmedurchgangswiderstand des Bauteils. Je höher der Widerstand des Bauteils, desto besser ist seine Dämmwirkung.

Tab. 2: Nenn- und Bemessungswerte der Wärmeleitfähigkeit ausgewählter Materialien gem. DIN 4108 und DIN EN ISO 10456

Material	Wärmeleitfähigkeit, Nennwert [W/mK]	Wärmeleitfähigkeit, Bemessungswert [W/mK]
Mineralwolldämmung	0,03–0,050	0,036–0,06
EPS	0,03–0,050	0,036–0,06
XPS	0,026–0,045	0,031–0,054
PUR	0,02–0,040	0,024–0,048
Phenolharz-Hartschaum	0,02–0,035	0,024–0,042
Stahlbeton	–	2,3
Baustahl	–	ca. 50
Konstruktionsholz	–	0,13

Tab. 3: Beispielberechnung U-Wert eines Flachdachs

Aufbau eines Flachdachs von innen nach außen	Materialstärke d [m]	Wärmeleitfähigkeit λ [W/mK]	Formel R= d/λ	Wärmedurchlasswiderstand R [m²K/W]
Wärmeübergang innen (R_{SI})	–	–	–	0,1
Putz	0,015	0,51	0,015/0,51	0,029
Stahlbetondecke	0,25	2,3	0,25/2,3	0,11
Bitumenbahn	0,003	0,23	0,003/0,23	0,013
Dämmung	0,28	0,035	0,28/0,035	8,00
Kunststoffabdichtung mit Trennlage	0,005	0,17	0,005/0,17	0,029
Wärmeübergang außen (R_{SE})	–	–	–	0,04
			Wärmedurchgangswiderstand $R_T = \sum R$	8,321 m²K/W
			Wärmedurchgangskoeffizient $U = 1/R_T$	0,12 W/m²K

Gleichzeitig ist die Tauwasserbildung an der Bauteiloberfläche und in den einzelnen Bauteilschichten zu vermeiden. Die Tauwasserentstehung ist von der Temperatur und relativen Luftfeuchtigkeit abhängig. Durch die Bauteilebenen diffundierende Luft wird im Winter von der Raumseite nach außen hin abgekühlt. Da warme Luft jedoch mehr Feuchtigkeit aufnehmen kann, ist die Luft bei einer bestimmten geringeren Temperatur vollständig gesättigt und es entsteht Tauwasser. Tauwasservermeidung

Kann das anfallende Tauwasser nicht entweichen, kann die Feuchtigkeit die Funktionen des Daches einschränken und z.B. zu einer Schimmelbildung auf den Oberflächen führen.

Ggf. werden an das Dach auch Schallschutzanforderungen gestellt, die einerseits Beeinträchtigungen durch Außenlärm begrenzen, andererseits innerhalb des Gebäudes entstehende Geräuschquellen dämpfen sollen. Die Schallübertragung erfolgt als Luftschall oder Körperschall, wobei auch ein Übergang zwischen beiden Übertragungsarten erfolgt. Für Dächer ist vorwiegend die Bewertung als Außenbauteil und somit die Luftschalldämmung maßgebend. Zusätzlich können Maßnahmen erforderlich werden, wenn darunterliegende Räume schützenswert sind und auf dem Dach laute technische Anlagen wie z.B. Klimageräte vorgesehen werden. Schallschutz

Für einschalige Dächer, das heißt Aufbauten ohne Luftschicht, erzeugt eine hohe flächenbezogene Masse einen guten Schallschutz. Bei mehrschaligen Konstruktionen ist auf eine jeweils ausreichende flächenbezogene Masse aller Ebenen sowie eine Dämmung mit gut schallabsorbierenden Eigenschaften zu achten. ∎

> ∎ **Tipp:** In ungünstigen Fällen kann der Schall durch mehrschalige Bauteile noch verstärkt werden. Daher sollte eine mehrschalige Konstruktion immer auf ihre Schallschutzwirkung hin geprüft werden. Siehe hierzu „Basics Schallschutz" von Dominic Kampshoff.

BRANDSCHUTZ

In der Regel muss jedes Dach auch Brandschutzanforderungen erfüllen. Der bauliche Brandschutz verfolgt im Wesentlichen folgende Ziele:

— die Entstehung eines Brandes zu verhindern,
— die Ausbreitung eines Brandes zu verhindern,
— die Rettung von Betroffenen im Brandfall zu ermöglichen und
— wirksame Löscharbeiten zu ermöglichen.

Da Materialien unterschiedlich auf Hitze und Feuer reagieren, kann durch die Kombination geeigneter Baustoffe und Konstruktionen gewährleistet werden, dass die Brandausbreitung durch die Bauteile vermieden wird und auch die Tragfähigkeit des Gebäudes für eine bestimmte Zeit erhalten bleibt. Stahlbauteile brennen zwar nicht, erhitzen sich im Vergleich zu Holz jedoch wesentlich schneller und reagieren schon bei geringeren Temperaturen mit Verformungen, was zum Verlust der Tragfähigkeit führen kann. Holz hingegen zeigt im Brandfall, obwohl es als brennbarer Baustoff klassifiziert wird, ein wesentlich besseres Verhalten, da es auch bei einer bereits verkohlten äußeren Schicht seine Tragfähigkeit noch für einen gewissen Zeitraum behält.

Brandverhalten und Feuerwiderstandsdauer

Bei den einzelnen Baustoffen und Bauteilen ist zunächst zwischen Vorgaben zum Brandverhalten und der Feuerwiderstandsdauer zu unterscheiden. Das Brandverhalten bestimmt, inwieweit ein Baustoff brennbar und wie schnell er zu entzünden ist. Die Feuerwiderstandsdauer bestimmt den Zeitraum, in dem der Baustoff bei einem Brandfall seine Schutzwirkung bzw. seine Tragfähigkeit behält.

■ Harte Bedachung

Eine harte Bedachung schützt gegen eine Brandbeanspruchung von außen durch Flugfeuer und strahlende Wärme, zum Beispiel durch eine mindestens 5 cm starke Bekiesung oder durch mindestens 0,5 mm dicke Metallbleche.

○ Klassifizierungen nach EN 13501

Die in Europa geltende EN 13501 differenziert zur Klassifizierung des Brandverhaltens von Baustoffen die Baustoffklassen A bis F. Darüber hinaus werden zusätzliche Faktoren wie die Rauchentwicklung – „s" für „smoke" in den Abstufungen s1 bis s3 – oder das brennende Abtropfen eines Materials – „d" für „droplets" in den Abstufungen d0 bis d2 – berücksichtigt. Die Einteilung der Feuerwiderstandsdauer erfolgt auf einer Skala von 15 bis 240 Minuten.

■ **Tipp:** Zu den diversen Anforderungen und Vorgehensweisen im Brandschutz s. „Basics Brandschutz" von Diana Helmerking.

○ **Hinweis:** Der Begriff Bedachung bezeichnet ausschließlich die Dachhaut bzw. den Belag des Daches, bestehend aus Eindeckung, Abdichtung und Dämmung. Der Begriff Dach bezieht sich auf das gesamte Bauteil einschließlich seiner Tragkonstruktion.

Tab. 4: Baustoffklassen gem. DIN 4102-1, Tabelle 1, und DIN EN 13501

Baustoffklasse nach DIN 4102	Baurechtliche Benennung	Zuordnung gem. DIN EN 13051	Zusätzliche Anforderung	
			kein Rauch	*kein brennendes Abtropfen*
A1	nicht brennbar	A 1	x	x
A2	nicht brennbar	A 2 – s1, d0	x	x
B1	schwer entflammbar	B – s1, d0	x	x
		C – s1, d0	x	x
		A2 – s2, d0		x
		A2 – s3, d0		x
		B – s2, d0		x
		B – s3, d0		x
		C – s2, d0		x
		C – s3, d0		x
		A2 – s1, d1	X	
		A2 – s1, d2	x	
		B – s1, d1	x	
		B – s1, d2	x	
		C – s1, d1	x	
		C – s1, d2	x	
		A2 – s3, d2		
		B – s3, d2		
		C – d3, d2		
B2	normal entflammbar	D – s1, d0		x
		D – s2, d0		x
		D – s3, d0		x
		E		x
		D – s1, d1		
		D – s2, d1		
		D – s3, d1		
		D – s1, d2		
		D – s2, d2		
		D – s3, d2		
		E – d2		
B3	leicht entflammbar	F		

Der Brandschutz ist auch bei der Planung von Öffnungen in Dachflächen zu berücksichtigen; so ist zu benachbarten Gebäuden bzw. Brandwänden ein ausreichender Abstand einzuhalten. Alternativ kann der Bereich oberhalb der Brandwände in einer feuerbeständigen Bekleidung von vorgegebener Breite ausgeführt werden.

BLITZSCHUTZ

Der äußere Blitzschutz eines Gebäudes dient dazu, im Falle eines direkten oder indirekten Blitzeinschlages den entstehenden Strom über Fangeinrichtungen aufzufangen und in die Erde einzuleiten, um die Energie des Blitzes zu neutralisieren und das Gebäude sowie darin befindliche

Abb. 2: Fangstange an einem auf dem Flachdach aufgestellten Rückkühler

Abb. 3: Fangleitungen auf einem Flachdach

Personen und Objekte zu schützen. Die Elemente der Blitzschutzanlage bestehen aus gut leitenden Materialien wie Stahl oder Kupfer. Fangeinrichtungen werden maschenförmig auf den Dachflächen verlegt und erhalten zusätzlich an höhergelegenen Stellen wie am First oder an Kaminen separate Fangpunkte. Auch Antennen, Regenrinnen/Fallrohre, Abdeckbleche etc. müssen je nach Anforderung mit in das System eingebunden werden.

VERWENDETE MATERIALIEN

Durch die Dachkonstruktion, den Schichtenaufbau und spezifische Nutzungen werden weitere Anforderungen an die Druckbelastbarkeit, Brennbarkeit oder die Art des Einbaus gestellt. Für die Eindeckung bzw. Abdichtung, Dämmung und Konstruktion von Dächern kommen daher verschiedene Materialien zum Einsatz. > Kap. Konstruktionen und Kap. Dachaufbauten Dämmstoffe und Abdichtungen bzw. Trennlagen, die sowohl bei Flachdächern als auch bei geneigten Dächern eingesetzt werden können, werden nachfolgend kurz vorgestellt.

Mineralische Dämmstoffe
Anorganische bzw. mineralische Dämmstoffe wie Glaswolle oder Steinwolle werden häufig sowohl für geneigte als auch für Flachdächer als Rollenware oder Dämmplatten eingesetzt. Für besondere Anwendungen werden auch Einblasdämmungen bzw. lose Wollen angeboten. Bei der Dämmung von Flachdächern kommen zusätzlich Mineraldämmplatten oder Schaumglasprodukte zum Einsatz. All diese Produkte haben den Vorteil, dass sie nicht brennbar sind. Glas- und Steinwolldämmplatten

haben zusätzlich hydrophobe Eigenschaften, was bedeutet, dass sie – auch durch zusätzliche Behandlungen – wasserabweisend sind bzw. nach der Abtrocknung eingedrungener Feuchtigkeit ihre Dämmeigenschaften nicht verlieren.

Organische Dämmstoffe, also Dämmung aus nachwachsenden Naturmaterialien, basieren als Dachdämmung meist auf Holz-, Hanf- oder Flachsfasern. Sie sind in der Regel brennbar und werden als Rollenware, Platten oder Stopfdämmung angeboten. Im Vergleich zu anderen Dämmstoffen weisen sie zwar einen guten Diffusionswert, jedoch auch eine schlechtere Wärmeleitfähigkeit auf, was dazu führt, dass dickere Dämmstärken erforderlich werden. Organische Dämmstoffe

Synthetische Dämmstoffe oder auch geschäumte Kunststoffe werden typischerweise als expandierter Polystyrolschaum (EPS), extrudierter Polystyrolschaum (XPS), Polyurethan-Hartschaum (PUR) oder Polyisocyanurat-Hartschaum (PIR) eingesetzt. Im Gegensatz zu mineralischen Dämmstoffen sind geschäumte Kunststoffe entflammbar. Im Brandfall neigen diese Dämmstoffe zu einer hohen und teilweise toxischen Rauchgasentwicklung. Positiv sind jedoch die hohe Druckbelastbarkeit, das geringe Gewicht und die im Vergleich zu mineralischen Dämmstoffen besseren Dämmeigenschaften bei gleicher Dämmstoffstärke. Synthetische Dämmstoffe

Abdichtungen werden meist als Bahnenware auf Bitumen- oder Kunststoffbasis verwendet. Je nach Einsatzbereich können aber auch Flüssigkunststoffe, bituminöse Anstriche oder eine Kombination aus Bahnen und flüssigen Stoffen verwendet werden. Abdichtungen

Bitumen- und Polymerbitumenbahnen werden aus Erdöl hergestellt, wobei Polymerbitumen zusätzliche Stoffe wie Polypropylen zugesetzt werden, die die Bahnen unter anderem auch bei geringeren Temperaturen flexibel machen. Die Bahnen werden durch Einlagen aus z. B. Glas- oder Kunststoffgeweben ergänzt und durch die Einstreuung von Granulaten auf der Oberfläche oder das Aufbringen von Folien als Trennlage auf der Unterseite auf die jeweiligen Anforderungen abgestimmt. Das Anwendungsgebiet reicht daher von Unterspannbahnen und Dampfsperrbahnen über Abdichtungsbahnen als oberste Dachschicht bis hin zu Wurzelschutzbahnen in Gründachaufbauten. Auch das Aufbringen des Bitumens kann je nach Zweck im Schweißverfahren, Kaltselbstklebeverfahren oder durch mechanische Befestigung erfolgen. Zusätzlich ist es möglich, Bitumenbahnen im Gießverfahren mit dem Dach zu verbinden.

Auch für Kunststoffbahnen gibt es je nach Einsatzgebiet ein vielfältiges Angebot. Die Grundbahnen bestehen jedoch meist aus Polyvinylchlorid (PVC), flexiblen Polyolefinen (FPO) oder Polyisobuthylen (PIB). Elastomerbahnen werden auf Basis von EPDM hergestellt. Wie auch Bitumenbahnen werden sie durch zusätzliche Schichten ergänzt oder sogar mit Bitumenbahnen in einem Produkt kombiniert. Die Bahnen werden im Aufbau lose verlegt und ggf. im Nahtbereich verschweißt oder teil- bzw. vollflächig auf dem Untergrund verklebt.

Im Dachaufbau kommen zusätzlich Trenn- und Schutzlagen z. B. als Glasfaservliese, Kunstfaservliese, PE-Folien, Bitumenbahnen oder PVC-Bahnen zur Anwendung. Der Zweck dieser Lagen besteht einerseits darin, zwei miteinander unverträgliche Stoffe im Aufbau zu trennen (Trennlage), um chemische Reaktionen z. B. zwischen Weichmacher enthaltenden Kunststoffbahnen und XPS-Dämmplatten zu vermeiden, aber auch, um die Abdichtung gegen mechanische Einwirkungen zu schützen (Schutzlage). Insbesondere beim Aufbau von Gründächern werden Produkte verwendet, die über die Schutzwirkung hinaus weitere Aufgaben wie die Speicherung von Wasser erfüllen.

BAURECHT

Baurechtliche Vorgaben können ebenfalls Einfluss auf die Dachform und auch auf die Materialauswahl und den Bauteilaufbau nehmen.

Festlegungen in
Bebauungsplänen

Durch die Erstellung von Bebauungsplänen legen Städte und Gemeinden oftmals fest, wie ein Gebiet zu bebauen ist und welche Dachformen dort zu verwenden sind. Neben Festsetzungen bezüglich der Dachform, Dachneigung oder Ausrichtung des Firstes werden teilweise auch Höhenangaben zu einer maximalen Trauf- oder Firsthöhe gemacht. Meist ist in der Ausgestaltung Rücksicht auf die umgebende Bebauung zu nehmen, was sich auch auf das Material der Dachdeckung und dessen Farbe auswirken kann.

Bauvorschriften

Weiteren Einfluss auf den Aufbau der Bauteile nimmt das Baurecht beispielsweise durch die Regelungen zum Brandschutz. Neben der Berücksichtigung des Brandverhaltens einzelner Bauteile werden auch Anforderungen an Sicherungsmaßnahmen gegen das Hinabfallen von Eis und Schnee gestellt.

Normative Vorgaben

Neben den eigentlichen baurechtlichen Anforderungen werden einzelne Baustoffe und Aufbauten darüber hinaus in Normen (s. Normenliste im Anhang) und Fachregeln diverser Verbände reguliert.

Tab. 5: Abkürzungen in Bebauungsplänen in Anlehnung an die Anlage zur PlanZV

Dachformen	Bauteilhöhen/-neigung
SD – Satteldach	TH – Traufhöhe
PD – Pultdach	FH – Firsthöhe
WD – Walmdach	OK – Oberkante
FD – Flachdach	WH – Wandhöhe

Geneigte Dächer

Der überwiegende Teil der Dächer im Einfamilienhausbau ist als geneigtes Dach ausgeführt. Geneigte Dachflächen sind hervorragend geeignet, den anfallenden Niederschlag vom Gebäude abzuleiten. Die tragenden Konstruktionen sind meistens aus Holz und handwerklich hergestellt. Auch Tragwerke aus Stahl und Beton sind möglich. > Kap. Massivdächer Die sich ergebenden Dreiecksquerschnitte unter den Dachflächen können horizontale Windkräfte gut aufnehmen und in die Konstruktion leiten.

Den höchsten Punkt des Daches bezeichnet man als First, den unteren Rand als Traufe. Die Verbindungskante zwischen Dachschräge und Giebelwand bildet den sogenannten Ortgang. > Abb. 4 Bei Verschneidungen von zwei Dachflächen wird die sich nach außen richtende Verschneidungslinie als Grat, die innenliegende als Kehle bezeichnet. Wird das Dach auf eine Mauer aufgesetzt, die über die letzte Geschossdecke des Hauses hinausgeführt ist, so handelt es sich bei dieser Wand um einen Drempel oder Kniestock. Die Dachneigung wird durch den Winkel zwischen der Dachfläche gegen die Waagerechte beschrieben. Das Maß gibt immer den innenseitigen Winkel an und wird in Grad gemessen. Bei Rinnen und Abdichtungen hingegen spricht man von einem Gefälle. Dieses wird in der Regel in Prozent angegeben.

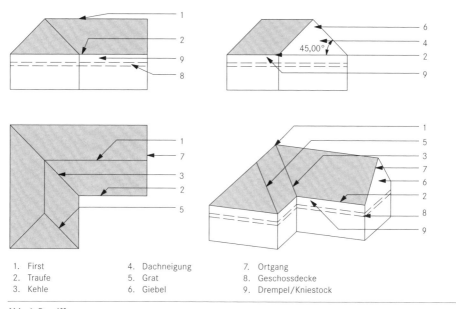

1. First	4. Dachneigung	7. Ortgang
2. Traufe	5. Grat	8. Geschossdecke
3. Kehle	6. Giebel	9. Drempel/Kniestock

Abb. 4: Begriffe

DACHFORMEN

Dachformen werden nach der Art der Dachflächenneigung und des Giebels unterschieden. > Abb. 5, Abb. 6

Pult- und Satteldach Ein Dach, das nur aus einer in eine Richtung geneigten Dachfläche besteht, nennt man Pultdach. Es können auch zwei versetzte Pultdächer gegeneinandergestellt werden. Zwei auf gleicher Höhe aneinandergelegte, einfach geneigte Dachflächen bilden ein Satteldach, das die wohl häufigste Art des geneigten Daches darstellt. Die Lage des Firstes über dem Grundriss ist hierbei variabel.

Mansarddach Sind die beiden Dachflächen zusätzlich geknickt, verändern sie also ihre Neigung, so spricht man von einem Mansarddach. Durch die im unteren Bereich des Daches steiler verlaufende Fläche können in der Fläche schneller nutzbarer Raum und Kopffreiheit geschaffen werden. Zur Erhöhung der Kopffreiheit auch im Randbereich des Daches kann die Außenwand an der Traufseite ein Stück über die oberste Geschossdecke hochgeführt und das Dach somit höher aufgesetzt werden. Der erhöhte Wandabschnitt wird dann als Drempel oder Kniestock bezeichnet. Die hochgeführte Wand auf der Stirnseite des Gebäudes bildet den Giebel aus. Ist diese Seite in Richtung der Straße gerichtet bzw. handelt es sich dabei um die Vorderseite des Hauses, so spricht man von einem giebelständigen Haus.

Zelt- und Walmdach Weitere Dachformen werden ausgebildet, indem auch auf der eigentlichen Giebelseite geneigte Dachflächen angeordnet werden. Laufen alle geneigten Flächen eines quadratischen Gebäudes in einer Spitze zusammen, so spricht man von einem Zeltdach. Bei einem Walmdach weist das Gebäude eine umlaufende Traufe und allseitig geneigte Dachflächen auf. Wird die geneigte Fläche auf den Stirnseiten des Gebäudes nicht bis auf die Traufe der Längswände hinuntergezogen bzw. zusätzlich ein Giebel ausgebildet, so handelt es sich um ein Krüppelwalmdach. Verschiedene Dachformen können auch miteinander kombiniert werden, um ein für das Gebäude passendes Dach zu bilden.

Gebogene Dachformen Zusätzliche Formen mit gebogenen Dachflächen, die auch als Gewölbe bezeichnet werden, sind zum Beispiel Tonnendächer, wobei die Dachfläche hier eine halbrunde Wölbung aufweist. Bei Tonnendächern gibt es ebenfalls eine Giebelseite. Weitere gebogene Dachformen sind Kreuzgewölbe oder Kuppeln.

Abb. 5: Satteldach – Mansarddach – Zeltdach – Krüppelwalmdach

Aus einer sägezahnartigen Aneinanderreihung von Pult- oder Sattel- Sheddach
dächern werden Sheddächer ausgebildet, wobei die jeweils steiler geneigte Fläche in der Regel mit Fenstern ausgestattet wird. Sheddächer
werden häufig für große Räume wie Produktionshallen eingesetzt. ○

	Satteldach	Mansarddach	Pultdach	Tonnendach
Giebeldach				
Walmdach				
Krüppelwalmdach				
Zeltdach				
Sheddach				

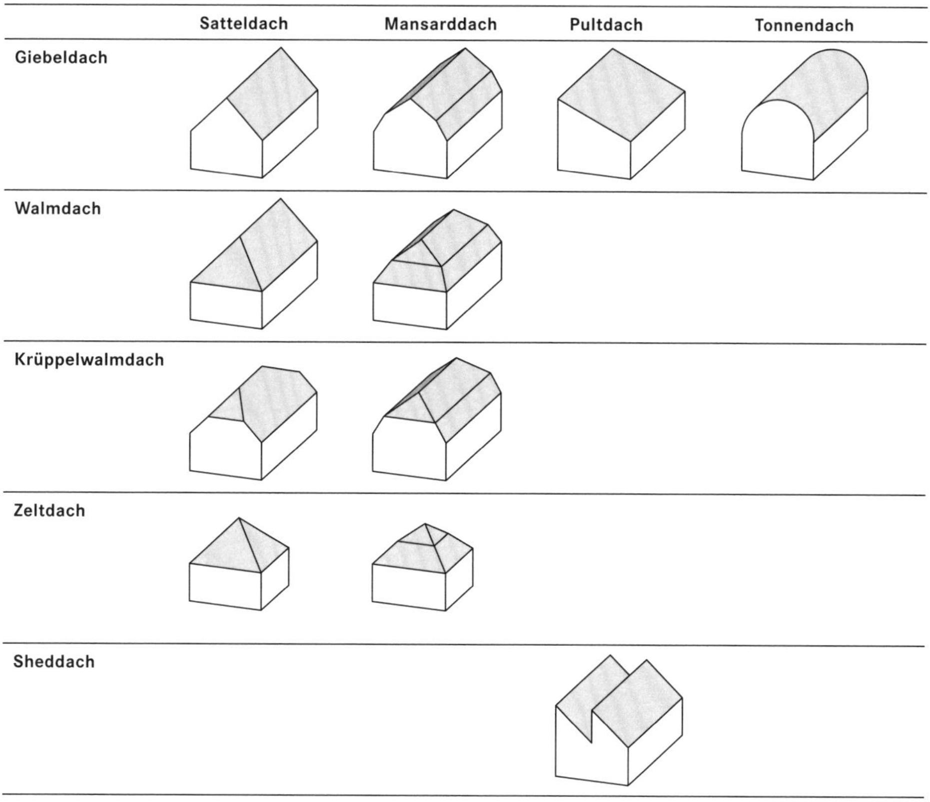

Abb. 6: Dachformen

○ **Hinweis**: Die Höhe eines Raumes unterhalb der
Dachfläche ist auch für die Berechnung der Wohn- und
Nutzfläche relevant. Bei der Berechnung der Nutzfläche
nach DIN 277 wird die gesamte Fläche eines nutzbaren
Geschosses berücksichtigt. Ist für vermietbaren Raum
eine Berechnung der Wohnfläche nach Wohnflächenver-
ordnung (WoFIV) erforderlich und ist der Dachraum als
Wohnfläche nutzbar, so werden Flächen mit einer lichten Höhe von unter 1 m nicht berücksichtigt, mit einer
lichten Höhe zwischen 1 m und 2 m zur Hälfte angerechnet und ab einer Höhe von 2 m voll angerechnet.

GAUBEN UND DACHFENSTER

Aus gestalterischen Gründen bzw. zur Belichtung des Dachraumes werden in Dachflächen Gauben oder Dachfenster angeordnet. Durch Gauben kann auch in der Dachschräge zusätzliche Kopffreiheit erreicht werden. Die lichte Höhe im Innenraum unter einer Gaube sollte daher mindestens 2 m betragen. Werden Dachfenster als zweiter Rettungsweg genutzt, sind Mindestanforderungen an die Größe und Brüstungshöhe einzuhalten.

Belichtung Dachfenster sind eine Belichtungsmöglichkeit für eine geschlossene Dachfläche, sodass darunter auch Wohn- und Aufenthaltsräume angeordnet werden können. In der Regel muss der Anteil der Fensterfläche ein Achtel der Grundfläche des Raumes betragen. Bei ungenutzten Dachräumen sollte zumindest eine Grundbelichtung z. B. durch Dachluken eingeplant werden.

Wechsel Die Breite von Einbauelementen sollte auf die Dachkonstruktion abgestimmt werden und zwei Sparrenfelder nicht überschreiten. > Kap. Sparrendach Zur Umleitung der Lasten werden bei der Aussparung einzelner Sparrenteile zusätzliche Konstruktionen in Form von Wechseln/Auswechslungen benötigt. > Abb. 7, Tab. 6 Wechsel sind horizontale Balken, die einzelne oder mehrere Sparrenfelder überbrücken und die Lasten in die seitlich verlaufenden Sparren (Wechselsparren) weiterleiten. Die Dimensionierung ist vorzugsweise so zu wählen, dass die Höhe des Holzes den Sparren entspricht, sodass kein Niveauausgleich in den weiteren Schichten erforderlich wird.

Gaubenformen Gauben treten, wie auch Dächer selbst, in verschiedenen Formen auf. > Abb. 8-11 Grundsätzlich werden für die Konstruktionen und Aufbauten dieselben Anforderungen an Wärmeschutz, Schallschutz und Dichtheit gestellt wie an das Dach selbst. Auch die Mindestdachneigungen sollten weiterhin eingehalten werden.

Bei Schleppgauben wird die Dachfläche in einer geringeren Neigung gegenüber dem Hauptdach abgeschleppt. Seitlich ergeben sich, wie auch

Abb. 7: Wechsel zum Einbau eines Dachfensters

bei der Satteldachgaube, dreieckige senkrechte Wandflächen. Für Satteldachgauben wird ein kleines giebelständiges Dach in die Hauptdachfläche eingebunden. Im Anschlussbereich bilden sich Kehlen aus. Wird die Außenwand in Teilbereichen über die Traufe hinaus hochgeführt und ein Dach aufgesetzt, so spricht man von einem Zwerchhaus. Eine Dreiecksgaube wird durch eine dreieckige Giebelseite mit entsprechenden, durch Kehlen angebundenen Dachflächen ausgebildet.

In gewölbter Form treten Gauben als Fledermausgauben, Ochsenaugen und Tonnengauben auf, wobei nur die Tonnengaube auch über seitliche dreieckige vertikale Wandteile verfügt. Die anderen beiden Varianten werden ohne Unterbrechung direkt aus der Dachfläche herausgewölbt. Die Fledermausgaube ist hierbei um ein Vielfaches breiter als hoch, während ein Ochsenauge verhältnismäßig schmal ist und die Gaube einen Halbkreis ausbildet.

Abb. 8: Satteldachgaube **Abb. 9: Tonnengaube** **Abb. 10: Schleppgaube**

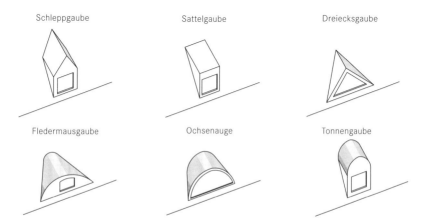

Abb. 11: Gaubenformen

Die Vorderseite der Gaube wird aus einem Kantholzrahmen vorgefertigt. Dieser wird als Gaubenstock bezeichnet und entweder auf die Sparren oder direkt auf die Geschossdecke aufgesetzt und verkleidet. Bei Schleppgauben wird der Schleppsparren direkt über dem Wechselsparren angeordnet. Am Gaubenabschluss liegt er auf dem Gaubenstock auf. Die seitlichen Dreiecksflächen werden Gaubenwange genannt. Zur Aussteifung werden diese Flächen meist mit Platten verkleidet. Die äußere Verkleidung der Wangen erfolgt häufig mit Metall oder Schieferplatten; sie können aber auch verglast werden. Die Gaubenbreite und -länge sind nicht nur auf die Dachkonstruktion, sondern auch auf die Eindeckung abzustimmen.

Dachflächenfenster werden meist als vorgefertigte Elemente geliefert und montiert. Die Anschlussteile stehen für verschiedene Aufbauten und Eindeckungen zur Verfügung, da u. a. bei belüfteten Aufbauten die Durchströmung dauerhaft zu gewährleisten ist und anfallendes Wasser um das Fenster herum abfließen muss. Übliche Fensterbreiten sind auf typische Sparrenabstände (ca. 70–90 cm) abgestimmt. Bei der Anordnung mehrerer Fenster nebeneinander werden diese zwischen den einzelnen Sparren angeordnet und durch besondere Rahmen in der Montage miteinander verbunden. Dachflächenfenster werden durch ihre verschiedenen Öffnungsmöglichkeiten unterschieden. Schwingfenster werden seitlich in der Mitte des Fensters gehalten, sodass beim Öffnen die obere Hälfte des Fensters in den Innenraum klappt. Das Klappfenster wird am oberen Rand gehalten und öffnet sich mit der gesamten Fensterfläche nach außen. Seltener kommen auch Schiebefenster in Dachflächen zur Ausführung, die in den Dachaufbau, über die Eindeckung hinweg oder über eine seitlich daneben liegende feste Verglasung geschoben werden. Seit einigen Jahren sind außerdem mehrteilige Dachflächenfenster auf dem Markt, bei denen der obere Teil als Klappfenster geöffnet und ein unterer, bis zur Geschossdecke reichender Teil zu einer Art Balkonbrüstung nach vorne herausgeklappt werden kann. > Abb. 12, Abb. 13

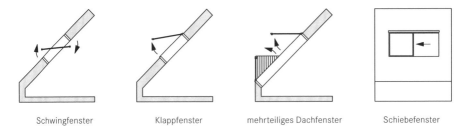

| Schwingfenster | Klappfenster | mehrteiliges Dachfenster | Schiebefenster |

Abb. 12: Arten von Dachflächenfenstern

Abb. 13: Dachfenster im fertigen Einbauzustand

Konstruktionen

Bei geneigten Dachtragwerken aus Holz wird zwischen drei Grundsystemen unterschieden: Sparrendach, Kehlbalkendach und Pfettendach. Hinzu kommen massive Konstruktionen aus Betonwerkstoffen oder Ziegeln und Stahlkonstruktionen, wobei letztere im privaten Wohnungsbau aufgrund der hohen Kosten eher selten ausgeführt werden. Bei großen Spannweiten sind Stahl- oder Betonkonstruktionen jedoch aufgrund der Materialeigenschaften regelmäßig vorzufinden. Alle Konstruktionen können je nach Ausführungsart innenseitig sichtbar oder verkleidet hergestellt werden.

HOLZVERBINDUNGEN

Die meisten Dachstühle werden auch heute noch als Holzkonstruktionen gefertigt. Zur Verbindung der einzelnen Elemente der Konstruktion werden zimmermannsmäßige Verbindungen oder Klebungen mit

Abb. 14: Dachstuhl

Abb. 15: Anbindung von Sparren an die Fußpfette mit einem Fersenversatz

Abb. 16: Mechanische Verbindung eines zweiteiligen Kehlbalkens mit Bolzen an die Sparren und Mittelpfette

zusätzlichen mechanischen Verbindungsmitteln wie z. B. Nagelplatten oder Dübeln genutzt. Zimmermannsmäßige Verbindungen stellen hierbei die traditionelle Technik dar, die durch digitale Bearbeitung und Fräsung mittlerweile wieder häufig eingesetzt werden. Es gibt fünf verschiedene Arten von Zimmermannsverbindungen: > Abb. 15–17

— Längsverbindungen wie der Zapfenstoß dienen dazu, Holzbauteile wie z. B. Balken oder Pfetten zu verlängern.
— Querverbindungen werden u.a. zur Herstellung eines Wechsels verwendet.
— Schrägverbindungen, in der Regel als Versatz ausgeführt, dienen in der Konstruktion von Dachstühlen zum Beispiel der Anbindung von Sparren an die Dachbalken einer Holzbalkendecke.
— Eckverbindungen findet man bei der umlaufenden Ausbildung von Schwellen.
— Verkämmungen werden verwendet, um zwei unterschiedlich ausgerichtete und in unterschiedlichen Ebenen liegende Hölzer miteinander zu verbinden.

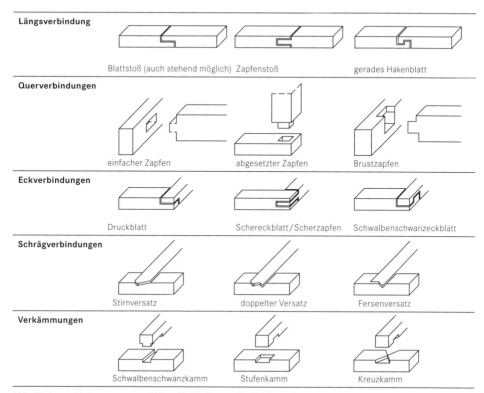

Abb. 17: Auswahl zimmermannsmäßiger Verbindungen für Holzbauteile

SPARRENDACH

Konstruktion Sparrendächer stellen die einfachste Form der Holzkonstruktionen dar. Aus zwei aneinandergelegten Balken, den Sparren, und der unterseitigen Verbindung durch einen weiteren Balken oder die Deckenplatte wird ein Dreigelenkrahmen ausgebildet. Dieser Rahmen wird als Gespärre bezeichnet. Die Balken sind in den Anschlussspunkten unverschiebbar, jedoch frei verdrehbar miteinander verbunden. Man spricht von einem Gelenkrahmen. Das Sparrendach setzt sich durch die Aneinanderreihung mehrerer Gespärre in einem Abstand von ca. 70 bis 90 cm zusammen, die am Firstpunkt zur Erleichterung der Montage durch ein Richtholz in Längsrichtung verbunden werden. Die Sparren werden durch die Lasten aus Eigengewicht, Schnee usw. auf Druck beansprucht. Außerdem erfahren sie eine Biegung durch senkrecht auf die Fläche einwirkende Lasten. Der verbindende Deckenbalken wird auf Zug beansprucht. Die Verbindungen müssen so ausgeführt werden, dass alle anfallenden Kräfte in die darunterliegenden Wände oder Stützen geführt werden können. Traditionell steht der Deckenbalken als Vorholz ca. 20 cm über den Rahmen hinaus. Mit einem Aufschiebling kann der Sparren, der z. B. mittels eines Stirnversatzes an den Deckenbalken angebunden wird, in diesem Bereich mit flacherer Neigung verlängert werden. > Abb. 21 Alternativ wird heute üblicherweise eine Konstruktion aus einem betonierten Ringbalken gewählt, um die Kräfte abzuleiten. Zusätzlich ist zur Aufnahme von Längskräften eine Aussteifung der Dachflächen erforderlich. Diese kann über Windrispen aus Holz oder flachen Stahlbändern geschehen, die diagonal auf den Sparren befestigt werden, oder mithilfe einer flächigen Schalung aus großformatigen Platten oder einer Brettschalung. > Abb. 19

Maße Die Dachneigung bei Sparrendächern sollte idealerweise zwischen 25 und 50° liegen, die Spannweite zur Auswahl wirtschaftlicher Querschnitte der Balken nicht über 8 m liegen. Der Vorteil der Konstruktion liegt darin, dass der Dachraum selbst vollkommen ohne Stützen auskommt. Für zusätzliche Einbauten wie Gauben oder Dachfenster werden Auswechslungen benötigt.

Der gebräuchliche Querschnitt von Sparren variiert bei einer Breite von 8 cm zwischen 14 und 22 cm Stärke.

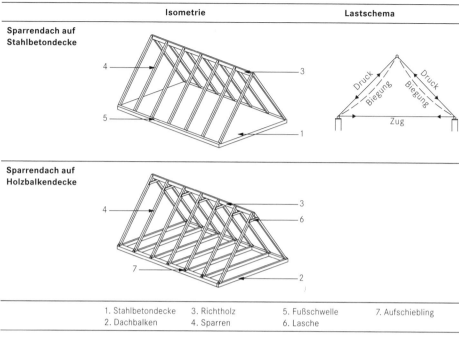

	Isometrie	Lastschema

Sparrendach auf Stahlbetondecke

Sparrendach auf Holzbalkendecke

1. Stahlbetondecke	3. Richtholz	5. Fußschwelle	7. Aufschiebling
2. Dachbalken	4. Sparren	6. Lasche	

Abb. 18: Isometrie und Lastschema eines Sparrendachs

Aussteifung mit Windrispen unterhalb der Sparren

Aussteifung mit groß-formatigen Scheiben

Aussteifung mit Brettschalung

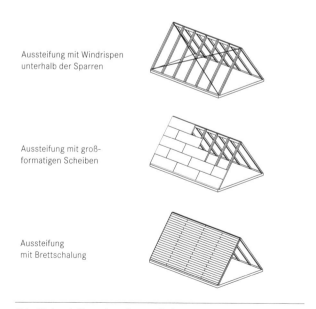

Abb. 19: Aussteifung eines Sparrendachs

KEHLBALKENDACH

Konstruktion

Kehlbalkendächer bilden wie Sparrendächer einen Dreigelenkrahmen aus, der jedoch um einen zusätzlichen horizontalen Kehlbalken ergänzt wird. > Abb. 20 Durch den Kehlbalken wird Druck auf die Sparren ausgeübt, sodass sich die Durchbiegung der Sparren verringert. Hierdurch können größere Spannweitern von bis zu 15 m realisiert werden. Aus konstruktiven Gründen werden Kehlbalken meist paarweise als Zangen seitlich an den Sparren befestigt. Die Lage der Kehlbalken sollte nicht über 75 % der Gesamtdachhöhe liegen, da nur so die statischen Vorteile nutzbar gemacht werden können. First und Fußpunkte werden wie beim Sparrendach ausgebildet.

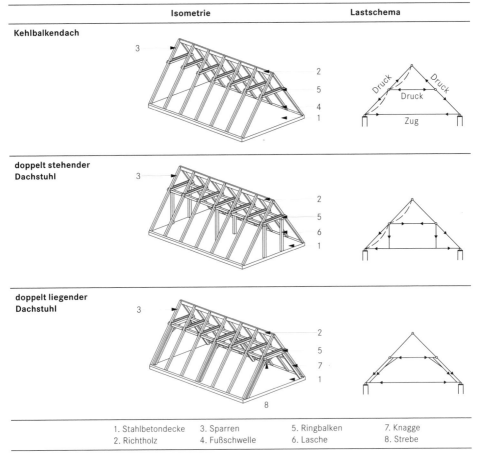

	Isometrie	Lastschema
Kehlbalkendach		
doppelt stehender Dachstuhl		
doppelt liegender Dachstuhl		

1. Stahlbetondecke
2. Richtholz
3. Sparren
4. Fußschwelle
5. Ringbalken
6. Lasche
7. Knagge
8. Strebe

Abb. 20: Dachstuhlsysteme des Kehlbalkendachs mit Darstellung einer Isometrie und des Lastschemas

PFETTENDACH

Bei Pfettendächern werden die Sparren auf horizontal verlaufende Konstruktion Träger, die Pfetten, aufgelagert, die selbst wiederum auf Wände oder Stützen, die sog. Pfosten bzw. Stiele, aufgelagert werden. Um horizontale Windlasten aufnehmen zu können, müssen die Pfosten zusätzlich parallel zur Dachneigung und im Abstand zu den Sparren abgestrebt werden. Die Pfette im obersten Punkt des Daches nennt man Firstpfette, die am untersten Punkt Fußpfette und die dazwischenliegenden Mittelpfetten.

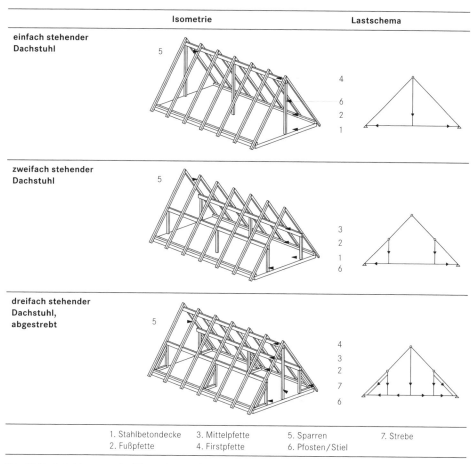

	Isometrie	Lastschema
einfach stehender Dachstuhl	5 ... 4 6 2 1	
zweifach stehender Dachstuhl	5 ... 3 2 1 6	
dreifach stehender Dachstuhl, abgestrebt	5 ... 4 3 2 7 6	

1. Stahlbetondecke 3. Mittelpfette 5. Sparren 7. Strebe
2. Fußpfette 4. Firstpfette 6. Pfosten/Stiel

Abb. 21: Dachstuhlsysteme des Pfettendachs mit Darstellung einer Isometrie und des Lastschemas

Die einfachste Konstruktion eines Pfettendaches ist der einfach stehende Stuhl. > Abb. 21 Die Sparren liegen hierbei auf der Firstpfette und der Fußpfette auf. Lasten werden zudem von der Firstpfette ausgehend über einfache Pfosten nach unten abgeleitet. Bei einem zweifach stehenden Stuhl werden die Sparren auf der Fußpfette und einer Mittelpfette angeordnet aufgelagert. Die Mittelpfetten werden wiederum auf Pfosten montiert. Zur Ableitung der Querkräfte kann zwischen diesen jeweils ein zusätzlicher Kehlbalken angeordnet werden. Der obere Teil des Daches entspricht dann wieder einem Sparrendach. Bei größeren Spannweiten und Sparrenlängen über 7 m kommt auch die Konstruktion als dreifach stehender Stuhl zur Ausführung, der eine Kombination der zuvor beschrieben Varianten darstellt. Ist die Ableitung der Kräfte über eine unter der Firstpfette stehende Stütze aufgrund der Grundrissgestaltung nicht möglich, so kann ein Sprengwerk ausgeführt werden, bei dem die Stütze unter der Firstpfette nur bis zum Kehlbalken geführt wird und die Lasten von dort horizontal weitergeleitet werden.

Alle Varianten können bei beliebiger Dachneigung verwendet werden. Die Abstände zwischen den einzelnen Pfetten sollten jedoch nicht über 4,50 m liegen.

Tab. 6: Übersicht Bauteile bei geneigten Dächern

Bauteil	Abbildung	Hinweise	Gebräuchliche Abmessungen bei mittleren Dächern
Aufschiebling		bei Sparrendächern	8/12–10/22
Dachbalken		bei Sparrendächern	12/12–14/14
Firstpfette		auf Wänden oder Pfosten	14/16–16/22
Fußpfette		auf der Decke bzw. Außenwand	10/10–14/16
Kehlbalken		meist als Zange ausgeführt	8/14–10/20
Kehlsparren		Innenknick	8/14–8/22

Bauteil	Abbildung	Hinweise	Gebräuchliche Abmessungen bei mittleren Dächern
Knagge		bei Zangen	
Kopfband		Strebe an Pfosten in Längsrichtung	10/10–10/12
Mittelpfette		unter den Sparren	12/20–14/20
Pfosten		trägt Pfetten	12/12–14/14
Richtholz		zur einfacheren Montage	Dicken ab 22 mm
Sparren		trägt die Dachdeckung	8/14–8/22
Strebe		zur Queraussteifung	14/16
Vorholz		bei Sparrendächern	Längen 20 cm
Wechsel		bei Öffnungen	8/14–8/22
Windrispe		Aussteifung	aus Flachstahl
Zange		horizontale Aussteifung, paarweise	6/14–8/16

MASSIVDACH

Dächer aus Beton, Porenbeton oder Ziegeln werden als Massivdächer bezeichnet. > Abb. 22 Im Gegensatz zu den zuvor beschriebenen Holzkonstruktionen wird hier direkt eine geschlossene Fläche, meist aus Fertigteilen, hergestellt. Für freie Dachformen können Dächer auch aus Ortbeton erstellt werden. Aufgrund der hohen Masse des Betons weisen Massivdächer ein hohes Schalldämmmaß auf. Ebenso wirkt sich die Konstruktion vorteilhaft auf die Luftdichtheit und, durch die wärmeleitenden Eigenschaften bzw. die Speicherfähigkeit, auf den Wärmeschutz aus.

Dächer aus Betonfertigteilen Massivdächer aus Betonfertigteilen werden bereits im Werk vorgefertigt und erhalten dort die ergänzenden Sparren, Dämmung, Unterspannbahn und Traglattung, sodass auf der Baustelle nur die Eindeckung aufgebracht werden muss. Bei Dachplatten aus Leichtbeton ist ausschließlich die Konterlattung vorgerüstet; Dämmung und weitere Schichten sind vor Ort zu montieren. > Kap. Dachlatten Die Plattenstärken variieren zwischen ca. 5 cm bei Normalbeton mit zusätzlichen Sparren und bis zu 16 cm bei Leichtbetonplatten.

Dächer aus Porenbeton und Ziegeln Bei Massivdächern aus Porenbeton und Ziegeln ist auf die Spannrichtung und den maximalen Abstand der einzelnen Auflager Rücksicht zu nehmen. Die Befestigung erfolgt in beiden Fällen durch zusätzlich eingebrachten Beton. Der weitere Aufbau besteht ebenso wie bei allen anderen Konstruktionen aus Dämmung, Lattung, Unterspannbahn und Eindeckung.

Massivdach aus Normalbeton

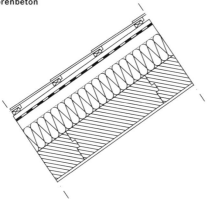

Eindeckung
Lattung
Konterlattung
Unterspannbahn
Sparren/Luftschicht/Wärmedämmung
Betonplatte
bei Bedarf: raumseitige Bekleidung

Massivdach aus Porenbeton

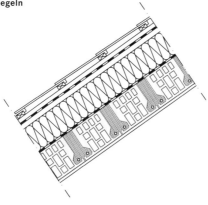

Eindeckung
Lattung
Konterlattung
Unterspannbahn
Sparren/Luftschicht/Wärmedämmung
Porenbetonplatten
bei Bedarf: raumseitige Bekleidung

Massivdach aus Ziegeln

Eindeckung
Lattung
Konterlattung
Unterspannbahn
Sparren/Luftschicht/Wärmedämmung
Dampfsperre
Ziegelelemente
bei Bedarf: raumseitige Bekleidung

Abb. 22: Massivdachkonstruktionen

Bauteilschichten

EINDECKUNGEN

Die Hauptaufgabe der Dachdeckung ist es, den anfallenden Regen sicher abzuleiten und das Eindringen von Feuchtigkeit, z. B. durch Flugschnee, zu vermeiden. Die Materialien und die Befestigung sollten witterungs- und möglichst auch feuerbeständig sein. Je nach Ausführungsart des Aufbaus muss auch der Feuchtetransport von innen nach außen gewährleistet werden. > Kap. Bauphysik Neben gestalterischen Aspekten ist die Materialauswahl auch von der Dachneigung, Dachform und dem Aufbau abhängig. Als Dachdeckung stehen verschiedene Materialien und daraus gestaltete Formen zur Verfügung.

Stroh-/Reetdach Eine traditionelle Form der Dacheindeckung stellt das Stroh- oder Reetdach dar, das jedoch nur noch sehr regional eingesetzt wird. Dachneigungen zwischen 40° und 50° sind für diese Eindeckung vorteilhaft, da die abhebenden Kräfte durch den Wind eher gering ausfallen. Die Deckung wird aus einzelnen, übereinanderliegenden Bündeln auf einer Schalung befestigt. Für die Firsteindeckung können Heidekraut oder Elemente aus Kunststoff, Dachziegeln oder Ton verwendet werden.

Schuppendeckung Ebene Schuppen können aus Holzschindeln, Stein, Beton, Faserzement oder Ziegeln bestehen. Sie kommen in unterschiedlichen Formen wie Rechteckschuppen, in Rhombusform, quadratisch mit einer abgerundeten Ecke oder als Biberschwanz vor. Für die Ausbildung von Kehlen, Trauf- oder First- und anderen Anschlusspunkten werden meist industriell vorgefertigte Formteile verwendet. Die Regeldachneigung variiert je nach Material und Deckungsart. Deckungen aus Faserzementplatten sind ab ca. 20° ohne zusätzliche Maßnahmen möglich. Der Vorteil liegt zudem darin, dass häufig die gleichen Platten wie für die Wandverkleidung verwendet werden können. Für Schieferdeckungen beträgt die Regeldach-

Abb. 23: Dachaufbau im Baufortschritt: Unterspannbahn, Konterlattung, Lattung und Eindeckung

neigung je nach Deckungsart zwischen mindestens 22° und 30°. Holz-schindeln sind in zweilagiger Deckung ab 71° möglich; im Regelfall wird jedoch eine dreilagige Deckung ausgeführt, die in einer Neigung von 22° bis 90° zulässig ist. Die Befestigung ebener Schuppen erfolgt in der Regel über eine Nagelung auf Holzlatten.

Verformte Dachschuppen, -pfannen oder -ziegel und dazugehörende Formteile für besondere Einbausituationen werden aus Beton oder Ziegeln hergestellt. Anders als bei ebenen Schuppen haben die verformten Schuppen an drei Seiten eine Überdeckung. Die älteste Deckung mit verformten Dachziegeln wird Mönch und Nonne genannt. Hier werden zwei konisch geformte Hohlziegel ineinandergelegt. Dabei ist der obere Ziegel konkav und leitet das Wasser in die untenliegenden, konvex geformten Ziegel, die das Wasser zur Rinne führen. Moderne Dachziegel sind mit ihren Aufkantungen so geformt, dass sie sowohl oben als auch seitlich ineinandergreifen, um das Eindringen von Wasser zu vermeiden. Die Regeldachneigung für verformte Schuppen liegt bei 22 bis 25°. Pfannen-/ Ziegeldeckung

Neben den beschrieben kleinteiligen Dachdeckungen können auch großformatige Platten mit ergänzenden Formteilen zur Eindeckung verwendet werden. Faserzement-Wellpappen werden als Bahnenware überlappend auf einer Schalung verlegt. Bei Dachneigungen unter 12° ist auf Bitumenbahnen zurückzugreifen. Seitliche Abschlüsse werden meist mittels Blechwinkeln hergestellt. Weitere großflächige Eindeckungen werden auch für flach geneigte Dächer bis 5° eingesetzt. Sie bestehen meist aus Metallblechen wie Aluminium, Zink, verzinktem Stahl oder Kupfer und werden als verformte Platten, z. B. in Trapezblech- oder Wellblechform, oder in Bandform als ebene, aneinandergereihte Bleche mit Stehfalzverbindungen auf das Dach montiert. Großformatige Deckungen

---

○ **Hinweis**: Die Regeldachneigung bezeichnet die untere Grenze der Dachneigung, bei der sich in der Praxis eine Dachdeckung als regensicher bewährt hat. Sie kann unter der Voraussetzung, dass zusätzliche Maßnahmen durchgeführt werden, unterschritten werden. Die Mindestdachneigung ist die geringstmögliche Dachneigung, die nicht unterschritten werden darf.

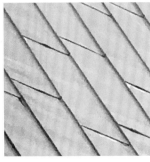

Abb. 24: Dachdeckungen aus ebenen Schuppen

Abb. 25: Dachdeckungen aus verformten Schuppen

Abb. 26: Dachdeckungen aus Blech

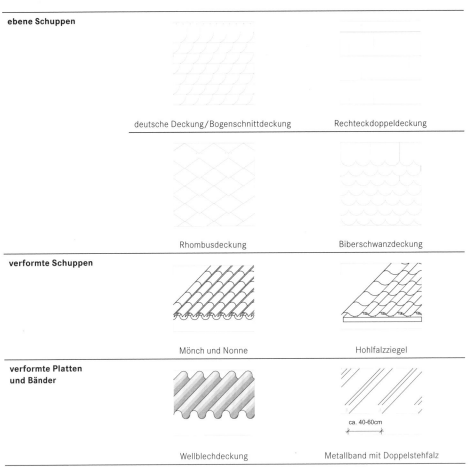

ebene Schuppen

deutsche Deckung/Bogenschnittdeckung   Rechteckdoppeldeckung

Rhombusdeckung   Biberschwanzdeckung

verformte Schuppen

Mönch und Nonne   Hohlfalzziegel

verformte Platten und Bänder

ca. 40-60cm

Wellblechdeckung   Metallband mit Doppelstehfalz

Abb. 27: Arten der Dacheindeckung

DACHLATTEN

Während flächige Dachdeckungsmaterialien auf der Unterkonstruktion durch Schrauben, Nägel, Bolzen oder Klemmen befestigt sind, werden Dachziegel mit entsprechender Aufkantung oft lose aufliegend auf einer horizontalen Lattung verlegt. Zusätzlich wird parallel zu den Sparren bei einer Unterspannung, Eindeckung mit ebenen Dachsteinen oder geringen Dachneigungen eine Konterlattung aufgebracht. > Abb. 29

Maße

Die Dimensionierung der Dachlatten hängt vom Gewicht der Dachdeckung und dem Sparrenabstand sowie von der Holzgüte ab. Für eine durchschnittliche Deckung mit Dachziegeln sind folgende Lattenquerschnitte zu empfehlen:

— Bis 75 cm Sparrenabstand: 30/50 mm
— Bis 90 cm Sparrenabstand: 40/60 mm

Bei einer Eindeckung mit Holzschindeln können diese Werte jedoch noch unterschritten werden.

Der horizontale Lattenabstand ist abhängig von der Dachneigung und der Auswahl der Dachsteine bzw. Deckungsart. Zur Ermittlung muss zunächst die Decklänge festgestellt werden. Diese entspricht in etwa der Sparrenlänge. Es muss zudem die Ausbildung des unteren Abschlusses der Eindeckung festgelegt werden. Soll die Deckung über die Sparren hinausstehen oder bündig abschließen, so verändert sich die Gesamtlänge. Üblicherweise wird ein Überstand gewählt, der auch der Überschneidung der einzelnen Steine entspricht. Aus dem gewählten Abschluss und der Wahl der Eindeckung ergibt sich das Trauflattmaß. Der Abstand der obersten Latte zum Firstpunkt bezeichnet man als Firstlattmaß. Dieses ergibt sich aus der erforderlichen Überlappung der Deckung oberhalb der einzelnen Latten. Der Traglattenabstand ergibt sich aus einer gleichmäßigen Aufteilung der Gesamtdecklänge abzüglich des Trauf- und Firstlattmaßes. > Abb. 28

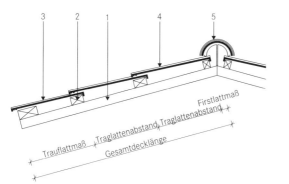

1. Konterlattung
2. Traglattung
3. Dachziegel
4. Firstanschlussziegel
5. First-/Gratziegel

Abb. 28: Aufbau der Dacheindeckung und Lattung

ABDICHTUNG

Die Regensicherheit eines Daches wird normalerweise mit der Dachdeckung erreicht. Ergeben sich allerdings erhöhte Anforderungen, z. B. durch eine geringe Dachneigung, eine schützenswerte Nutzung des Dachs oder eine exponierte Lage mit viel Schnee- und Regenanfall, sollten zusätzliche abdichtende Maßnahmen ergriffen werden, um das Eindringen von Wasser bei starker Windbelastung oder bei Flugschnee auszuschließen.

Unterspannung   Die einfachste Form der Zusatzmaßnahmen ist die Unterspannung. Sie wird mit Unterspannbahnen als belüftete Konstruktion ausgeführt. Das heißt, die Bahn liegt nicht auf, sondern hängt frei zwischen den Sparren. Für eine gleichmäßige Belüftung kann zusätzlich eine Konterlattung auf die Sparren und die Unterspannbahn aufgebracht werden. Die Bahnen hängen dann nicht frei, sondern zwischen der Lattung gespannt. Unterspannbahnen sind meist gewebeverstärkte Kunststoffbahnen.

Unterdeckung   Vor einer Unterdeckung spricht man, wenn die Bahnen überdeckend auf einer Unterlage, z. B. einer Schalung, aufgebracht sind. Unterdeckungen werden als regensicher angesehen. Sie liegen unterhalb der Lattung und Konterlattung.

Unterdach   Ein Unterdach besteht aus Dichtungsbahnen, die wasserdicht durch Schweißen oder Kleben miteinander verbunden sind. Man unterscheidet zwischen einem regensicheren Unterdach und einem wasserdichten Unterdach. Das regensichere Unterdach darf Öffnungen für die Konstruktion aufweisen. Die Bahnen liegen unter der Lattung und Konterlattung. Bei einem wasserdichten Unterdach sind keine Öffnungen zulässig. Die Konterlattung wird mit eingebunden, das heißt, die Bahnen liegen zwischen Lattung und Konterlattung. Bei der Ausführung ist stets darauf zu achten, dass das auf den Bahnen geführte Wasser an der Traufe austreten und in die Regenrinne geführt werden kann. Eine ausreichende Durchlüftung des Dachzwischenraums unter dem Unterdach muss sichergestellt werden.

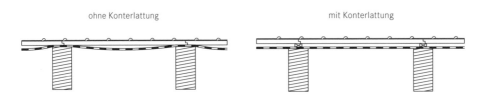

Abb. 29: Unterspannung mit und ohne Konterlattung

DÄMMUNG

Bei belüfteten, nicht ausgebauten Dachräumen wird in der Regel nicht die Dachfläche, sondern die oberste Geschossdecke gedämmt, da diese Dämmung einfacher und kostengünstiger herzustellen ist. Soll das Dach jedoch mit einer hochwertigen und beheizten Nutzung versehen werden, ist der gesamte Raum wie das übrige Haus umlaufend zu dämmen, um die Anforderungen an den Wärmeschutz zu erfüllen. Es ist dabei zu berücksichtigen, dass die Dämmebene der Außenwände weiter fortgeführt wird und Wärmebrücken vermieden werden.

Soll die Wärmedämmung zwischen den Sparren eingebaut werden, so ist die erforderliche Dämmstärke zu berücksichtigen. Ist diese größer als der Sparrenquerschnitt, können die Sparren über das statisch erforderliche Maß hinausgehend in einer größeren Stärke eingebaut, ein Dämmstoff mit besseren Dämmeigenschaften gewählt oder eine zusätzliche, dünnere außen- oder innenseitige Dämmschicht aufgebracht werden. Die Unterbrechung der Dämmung durch die Sparren stellt bei Holzkonstruktionen keine wesentliche Wärmebrücke dar. > Kap. Bauphysik, > Abb. 30

Man spricht von einer Zwischensparrendämmung, wenn die eingebrachte Dämmung nicht in voller Höhe der Sparren eingebracht und so zwischen der Dämmung und Unterspannbahn eine Hinterlüftung ermöglicht wird. Wird der Dämmstoff in voller Sparrenhöhe eingebracht, spricht man von einer Vollsparrendämmung. Soll die Dachkonstruktion im Raum sichtbar bleiben, kann die Dämmung außenseitig als Aufsparrendämmung auf eine Schalung aufgebracht werden. > Abb. 31

Zwingend erforderlich ist die innenseitige, auf der Dämmung vollflächig anzubringende Dampfsperre, die an den Nahtstellen wie auch in den Randbereichen und an Durchdringungen luftdicht verklebt werden muss. Die Dampfsperre verhindert, dass Raumluftfeuchte durch Wasserdampfdiffusion in die Wärmedämmung bzw. die Dachkonstruktion gelangen kann. Die Dämmebene wird also rauminnenseitig durch die Dampfsperre und außenseitig durch die Unterspannbahn vor dem Eindringen von Wasser geschützt.

Bei nicht belüfteten Dächern mit Vollsparrendämmung ist auf der Unterspannbahn eine Konterlattung aufzubringen, um so die Verdunstung und den Abtrag eventuell eingetretenen Wassers über die Luftschicht zu gewährleisten. Belüftete Dachkonstruktionen bieten diese Luftschicht unmittelbar über der Dämmung, sodass eingebrachte Feuchte einfacher verdunsten kann.

Zwischen-/
Vollsparrendämmung

Dampfsperren

ungedämmter Dachraum/Dämmung
auf der obersten Geschossdecke

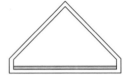

vollgedämmter Dachraum

Dachraum bis zur Abkofferung gedämmt

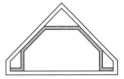

Dachraum bis zur Kehlbalkenhöhe
gedämmt

Abb. 30: Dämmen von Dachräumen

	Schnitt	Schichtenaufbau

Aufsparrendämmung mit Metalleindeckung

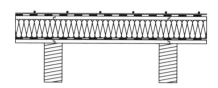

Eindeckung aus Metallblech
Trennlage
Schalung
Wärmedämmung
Dampfsperre
Schalung
Sparren
nach Bedarf: raumseitige
   Verkleidung

Zwischensparrendämmung

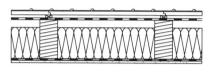

Eindeckung
Lattung
Konterlattung
Unterspannbahn
Luftschicht
Wärmedämmung
Dampfsperre
raumseitige Verkleidung

Vollsparrendämmung

Eindeckung
Lattung
Konterlattung
Unterspannbahn
Wärmedämmung
Dampfsperre
raumseitige Verkleidung

Zwischensparrendämmung mit zusätzlicher innenliegender Dämmung

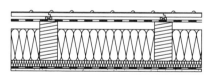

Eindeckung
Lattung
Konterlattung
Unterspannbahn
Luftschicht
Wärmedämmung zwischen
   den Sparren
Wärmedämmung unterhalb
   der Sparren
Dampfsperre
raumseitige Verkleidung

Zwischensparrendämmung mit zusätzlicher Aufsparrendämmung (z. B. im Sanierungsfall)

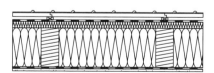

Eindeckung
Lattung
Konterlattung
Unterspannbahn
Aufsparrendämmung
Wärmedämmung zwischen
   den Sparren
Dampfsperre
raumseitige Verkleidung

Abb. 31: Dachaufbauten, Ausführungsvarianten mit unterschiedlicher Lage der Dämmung

ENTWÄSSERUNG

Die Entwässerung geneigter Dächer erfolgt über die Dachflächen und Kehlen zur Traufe. Dort wird das Niederschlags- und Tauwasser in Rinnen gesammelt und über Fallrohre in Grundleitungen abgeleitet.

Bemessungen Für die Bemessung des Systems ist zunächst das zu erwartende Regenwasser zu ermitteln, das sich aus der Regenspende > Tab. 6, der wirksamen Dachfläche und einem Abflussbeiwert berechnet. Grundsätzlich ist bei der Konstruktion zu beachten, dass über den Regelfall hinaus bei Starkregenereignissen oder verschneiten Dächern Wasser abgeleitet wird und nicht in die Konstruktion eindringen kann. Außenliegende Rinnen können einfach überlaufen; bei innenliegenden Rinnen sind entsprechende Notüberläufe vorzusehen, sodass sich das Wasser nur bis zu einer gewissen Höhe anstauen kann.

Regenrinnen Regenrinnen werden mit oder ohne Neigung auf höhenverstellbaren Rinnenhaltern an der Traufe befestigt. Bei Holzdachkonstruktionen wird je Sparren ein Rinnenhalter befestigt, wobei die Abstände zwischen den Haltern insgesamt nicht mehr als 90 cm betragen sollten. Die Rinnen sollten leicht nach außen geneigt sein, sodass eventuell überlaufendes Wasser vom Haus weggeführt wird. Die einzelnen Rinnenstücke werden mit Verbindungsstücken aneinandergesetzt und an den Enden mit sog. Endböden abgeschlossen. Über Ablaufstutzen oder Wasserfangkästen wird das Wasser von der Rinne in die Fallrohre eingeleitet. Fallrohre werden wiederum mit Rohrhaltern an der Außenwand befestigt. Der unterste Bereich des Fallrohrs, der anfällig für mechanische Beschädigungen ist, wird als Standrohr bezeichnet. Er besteht meist aus festerem Material und verfügt zusätzlich über eine Revisionsöffnung zur Kontrolle und Reinigung. Rinnen und Rohre sind in unterschiedlichen, eckigen oder runden Querschnitten und verschiedenen Materialien erhältlich.

Kontaktkorrosion Bei der Verbindung verschiedener Metalle ist darauf zu achten, dass die Werkstoffe untereinander keine Wechselwirkungen, z.B. Kontaktkorrosion, erzeugen und dass nicht durch unterschiedliches Dehnungsverhalten Spannungen auftreten. So können Rinnen und Rohre aus Kupfer nur mit kupferummantelten Stahlhaltern und -schellen verbaut werden. Für Rinnen aus Aluminium sind Halter aus verzinktem Stahl oder Aluminium möglich. Für Rinnen aus Zink oder verzinktem Stahl stehen verzinkte Stahlhalter und -schellen zur Verfügung.

Innenliegende Rinnen Als innenliegende Dachrinnen werden Dachrinnen bezeichnet, die nicht vor die Traufe gehängt werden. Sie werden verwendet, wenn die Rinnen nicht sichtbar sein sollen und das Dach ohne Überstand ausgeführt wird. An die Berechnung und Ausführung werden höhere Anforderungen gestellt, da das Wasser bei Beschädigungen, Wasserrückstau o. Ä. nicht bereits vor der Fassade anfällt, sondern innerhalb der Konstruktion gesammelt wird. Unterhalb der Rinne ist eine zusätzliche wasserführende Schicht als Doppelrinne oder aus Dichtungsbahnen auszubilden. Ebenso sind Notüberläufe und größere Rohrabmessungen erforderlich.

Tab. 7: Durchschnittliche länderspezifische Bemessungsregenspenden gem. DIN EN 12056

Land	durchschnittliche Bemessungsregenspende
Deutschland	300 l/(sxh)
Frankreich	500 l/(sxh)
Niederlande	300 l/(sxh)
Schweiz	300 l/(sxh)

Tab. 8: Sicherheitsbeiwerte nach DIN EN 1056-3

Situation	Sicherheitsfaktor
vorgehängte Dachrinnen	1,0
vorgehängte Dachrinnen, bei denen überfließendes Wasser unangenehme Folgen hat, z. B. über Eingängen von öffentlichen Gebäuden	1,5
Innenliegende Dachrinnen und überall dort, wo ungewöhnlich starker Regen oder Verstopfungen in der Dachentwässerungsanlage Wasser in das Gebäude eindringen lassen	2,0
Innenliegende Dachrinnen in Gebäuden, bei denen ein außergewöhnliches Maß an Schutz notwendig ist, z. B. - Krankenhäusern, Theatern, - sensiblen Kommunikationseinrichtungen - Lagerräumen für Substanzen, die durch Nässe toxische oder entflammbare Gase abgeben - Gebäuden, in denen besondere Kunstwerke aufbewahrt werden	3,0

Flachdächer

Als Flachdach werden Dächer mit einer Neigung von bis zu 5° bezeichnet. Aufgrund der geringen Neigung können Flachdächer auch für Begrünungen, Dachgärten, Terrassen, befahrbare Flächen oder zum Aufstellen technischer Geräte wie Solarkollektoren oder Lüftungsgeräte genutzt werden. Der obere Abschluss des Daches wird nicht durch eine Deckung, sondern durch eine Dachabdichtung gebildet, an die hohe Anforderungen an die Dichtigkeit und das Ableiten des Wassers gestellt werden. In Bezug auf die Lasten spielt im Gegensatz zu geneigten Dächern der Windsog eine größere Rolle. Die häufig leichten Materialen sind demnach vor einem Abheben mechanisch zu sichern. Mechanische Sicherungen erfordern jedoch eine Durchdringung der Abdichtung.

KONSTRUKTIONEN

Ebenso wie bei geneigten Dächern kommen für Flachdächer Stahlbeton, Stahl- und Holzkonstruktionen zur Anwendung. Flächige Betondächer sind hierbei meist bei Wohn- und Geschäftshäusern anzutreffen; Stahlkonstruktionen finden sich in der Regel im Hallenbau wieder. Auf Holz- oder Stahlkonstruktionen ist zunächst durch Platten oder z. B. Trapezbleche eine Fläche auszubilden, auf der die weiteren Schichten aufgebracht werden können.

Abb. 32: Stahlkonstruktion

Abb. 33: Flachdach aus Stahlbeton

AUSFÜHRUNGSARTEN

Es werden drei verschiedenen Ausführungsarten im Schichtenaufbau unterschieden: > Abb. 34

Beim Warmdach oder nicht belüfteten Dach liegt die Abdichtung
oberhalb der Wärmedämmung, durch die auch das Gefälle in Richtung
der Dachabläufe hergestellt wird. Unter der Dämmung wird ein Voran-
strich und darauf die Dampfsperre aufgebracht.

Warmdach

Um die Abdichtung besser zu schützen, kann auch ein Umkehrdach
ausgebildet werden. Dabei liegt die Dämmebene oberhalb der wasserführenden Schicht, die entsprechend wasserabweisend sein muss. Zudem kann die Neigung zu den Abläufen nicht durch die Dämmung hergestellt werden, weshalb unterhalb der Abdichtung ein Gefälleestrich
aufzubringen ist.

Umkehrdach

Als dritte Variante kommen Kaltdächer bzw. belüftete Dächer zur
Ausführung. Diese sind insgesamt mit dem Aufbau eines Sparrendachs
mit Zwischensparrendämmung zu vergleichen und finden meist bei Holzkonstruktionen Anwendung. Raumseitig wird hierbei eine Verkleidung und
dahinterliegend eine Dampfsperre angeordnet. Zwischen den einzelnen
Holzbalken liegt die Dämmung, die jedoch in geringerer Stärke als die der
Balken einzubringen ist, sodass eine ausreichende Durchlüftung gewährleistet wird. Auf den Balken werden wiederum eine Schalung, die Dachabdichtung und der gewählte Oberflächenschutz oder -belag aufgebracht.

Kaltdach

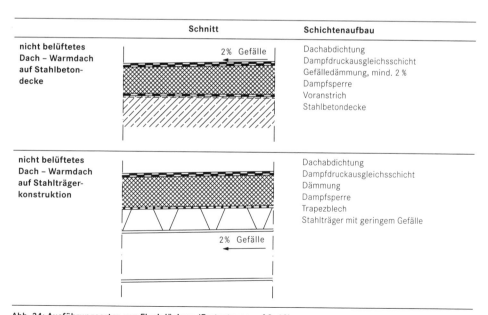

	Schnitt	Schichtenaufbau
nicht belüftetes Dach – Warmdach auf Stahlbetondecke	2% Gefälle	Dachabdichtung Dampfdruckausgleichsschicht Gefälledämmung, mind. 2 % Dampfsperre Voranstrich Stahlbetondecke
nicht belüftetes Dach – Warmdach auf Stahlträgerkonstruktion	2% Gefälle	Dachabdichtung Dampfdruckausgleichsschicht Dämmung Dampfsperre Trapezblech Stahlträger mit geringem Gefälle

Abb. 34: Ausführungsarten von Flachdächern (Fortsetzung auf S. 48)

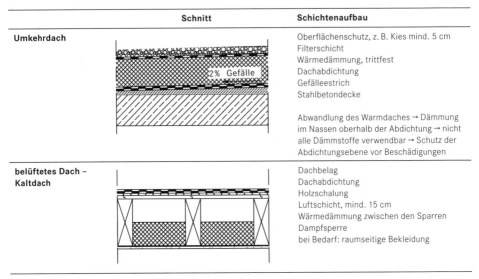

Schnitt	Schichtenaufbau

Umkehrdach

Oberflächenschutz, z. B. Kies mind. 5 cm
Filterschicht
Wärmedämmung, trittfest
Dachabdichtung
Gefälleestrich
Stahlbetondecke

Abwandlung des Warmdaches → Dämmung
im Nassen oberhalb der Abdichtung → nicht
alle Dämmstoffe verwendbar → Schutz der
Abdichtungsebene vor Beschädigungen

(2 % Gefälle)

**belüftetes Dach –
Kaltdach**

Dachbelag
Dachabdichtung
Holzschalung
Luftschicht, mind. 15 cm
Wärmedämmung zwischen den Sparren
Dampfsperre
bei Bedarf: raumseitige Bekleidung

Abb. 34: Ausführungsarten von Flachdächern

DACHANSCHLÜSSE

Wasserdichte Anschlüsse sind im Bereich von aufgehenden Bauteilen, also z. B. bei Wänden von Aufzugsüberfahrten, auf das Dach führenden Treppenhäusern u. ä. oder Durchdringungen innerhalb der Dachfläche wie Lichtkuppeln erforderlich. Als Grundregel gilt hierbei, dass die Abdichtung bei Dachneigungen von unter 5° mindestens 15 cm und bei Dachneigungen über 5° mindestens 10 cm über die Oberfläche des Dachbelags hochzuführen und dort zu fixieren ist, um das Eindringen von gestautem oder Spritzwasser zu vermeiden. Je nach Abdichtungsmaterial ist eine geeignete mechanische Befestigung z. B. durch Klemmschienen oder Klemmprofile zu wählen. Bei der Abdichtung mit Flüssigkunststoffen kann ggf. auf eine zusätzliche Befestigung verzichtet werden. Der obere Abschluss der Abdichtung ist zudem z. B. durch eine Überdeckung mit der Verkleidung eines öffenbaren Bauteils regensicher zu schützen. Bei dem Anschluss von Durchdringungen ist darauf zu achten, ob diese starr oder beweglich auszuführen sind. Vor allem bei Folienabdichtungen gibt es von den Herstellern auch Formteile zur Ausbildung von Innen- und Außenecken oder zur Andichtung von Rohren durch Manschetten. Besondere Berücksichtigung findet die Andichtung im Bereich von Öffnungen innerhalb öffenbarer Bauteile wie z. B. Terrassentüren. Wird hier die Hochführung der Abdichtung von 15 cm über den Dachbelag berücksichtigt, ist ohne Ausgleichsmaßnahmen außen- wie innenseitig die Ausbildung einer Stufe erforderlich. Um nur außenseitig eine Stufe zu benötigen, ist es möglich, einen Versprung innerhalb der Deckenplatte auszubilden, sodass der Innenraum

Abb. 35: Andichtung einer Stahlkonstruktion mit Flüssigkunststoff innerhalb der Dachfläche

Abb. 36: Mechanische Befestigung der Abdichtung mit Klemmprofil

bereits höher liegt als die Dachfläche. Bei durchgehenden Deckenplatten wird jedoch eine Verringerung der Abdichtungshöhe auf mindestens 5 cm ermöglicht, wenn vor der Tür eine Entwässerungsrinne mit Anschluss an die Dachentwässerung eingeplant wird.

DACHRANDABSCHLÜSSE

Bei der Planung von Flachdächern ist der Randabschluss ein wichtiges konstruktives Bauteil. Aufgrund der Aufbauhöhe und Wasserführung ist am äußeren Ende eine Aufkantung auszubilden, die oberhalb der darunterliegenden Außenwand oder vor- bzw. rückspringend ausgebildet werden kann. Diese Aufkantung kann durch eine Attika oder ein Randprofil ausgebildet werden. Unter einer Attika versteht man eine wandartige Erhöhung am Dachrand, die in der Regel gemauert oder betoniert wird und an der die Abdichtung und Dämmung entsprechend > Kap. Dachanschlüsse hochgeführt werden kann. Die Gesamthöhe der Attika ist hierbei variabel und sie kann, wenn es die max. Wandhöhe zulässt, auch als Absturzsicherung genutzt werden. Der oberste Abschluss einer Attika wird mit einem Attikablech hergestellt, das an der Fassaden- und Dachseite eine Tropfkante in einem Abstand von mindestens 2 cm zur Fassade ausbilden sollte. Attikableche überdecken die ganze Breite der Attika und sind in Richtung der Dachfläche leicht geneigt herzustellen. Dachrandabschlüsse mit Abschlussprofilen werden meist auf einer in der Dämmebene liegenden Holzbohle befestigt. Sie sind so geformt, dass innenseitig die Dachabdichtung in das Profil geklemmt werden kann und das Profil außenseitig die Dachkante umgreift und die Fassade überlappt. An den Außenkanten einer Attikaabdeckung oder eines Abschlussprofils wird eine Tropfkante ausgebildet, sodass anfallendes Regenwasser nicht hinter die Fassade oder das Blech läuft.

Um Wärmebrücken auszuschließen bzw. zu vermeiden, sind die Dachrandabschlüsse umlaufend zu dämmen. > Kap. Bauphysik, > Abb. 37, Abb. 38 Bei auskragenden Dächern oder Attiken ist es alternativ möglich, die Anbindung an das gedämmte Gebäude mit einer sogenannten thermischen Trennung herzustellen und das auskragende Bauteil (also das vorstehende Dach oder die Attika) selbst ungedämmt zu lassen. Hierzu wird innerhalb der Dämmebene ein Verbindungsbauteil (z. B. ein Isokorb) eingesetzt, das die Lasten aufnehmen kann, jedoch im Gegensatz zu einer durchlaufenden Betonplatte in großen Teilen aus Materialien mit geringer Wärmeleitfähigkeit besteht und somit die Wärmeverluste reduziert. Der Vorteil einer thermischen Trennung liegt u. a. darin, dass durch die entfallende Dämmung der Bauteile geringere Ansichtsbreiten möglich sind.

Abb. 37: Schichtenaufbau gedämmte Attika

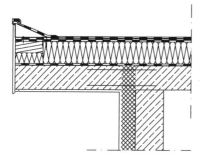

auskragende Deckenplatte, thermisch getrennt

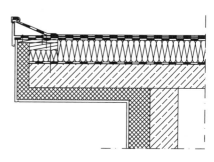

auskragende Deckenplatte, umlaufende Dämmung

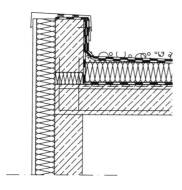

Dachrandabschluss mit betonierter Attika,
thermisch getrennt

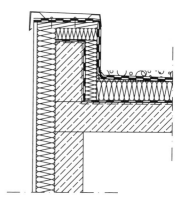

Dachrandabschluss mit betonierter Attika,
umlaufend gedämmt

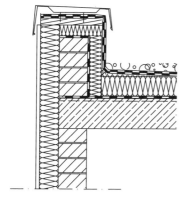

Dachrandabschluss mit gemauerter Attika

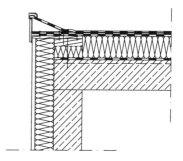

Dachrandabschluss mit Abschlussprofil

Abb. 38: Dachrandabschlüsse

DACHAUFBAUTEN

Der gesamte Aufbau muss, ebenso wie beim geneigten Dach, die Aufgaben der Bauphysik, der Wasserableitung von außen und innerhalb des Systems und der Winddichtigkeit erfüllen. Hierzu stehen verschiedene Schichten und Materialien zur Verfügung, die auf die Konstruktion und die Baustoffe untereinander abzustimmen sind.

In Abgrenzung von den nachfolgend beschriebenen Aufbauten können für flach geneigte Dächer bis zu einer Neigung von ca. 25° sowohl die Aufbauten von Flachdächern als auch die von geneigten Dächern verwendet werden. Voraussetzung hierfür ist jedoch beim Einsatz von Aufbauten für Flachdächer, eine ausreichende Absicherung gegen das Abrutschen der Schichten sowie insbesondere gegen das Abheben durch auftretenden Windsog einzuplanen.

Unterlage des
Flachdachs Als Unterlage der Abdichtung dient entweder die Tragkonstruktion (z. B. eine Stahlbetondecke) oder eine flächige Auflage wie z. B. eine Schalung, ein Trapezblech oder die Wärmedämmung. > Abb. 40

Trennlagen und
Haftbrücken

Oberhalb von Schalungen ist in der Regel eine Trennlage vorzusehen. Zur Verbesserung der Haftung z. B. auf Betonoberflächen werden Haftbrücken in Form von Grundierungen oder Voranstrichen meist auf Bitumenbasis aufgebracht. Bei unebenen Untergründen kann auch eine Ausgleichsschicht nötig werden. Trennlagen können aus Bitumenbahnen, Vliesen oder Schaumstoffmatten bestehen. > Abb. 39

Dampfsperre

Die Dampfsperre, die meist als Bitumen- oder Kunststoffbahn lose verlegt bzw. teilweise oder flächig verklebt wird, ist besonders dampfdiffusionshemmend. An Rändern zu aufgehenden Bauteilen oder Durchdringungen ist die Dampfsperre bis zur Oberkante der Dämmschicht hochzuführen und zu befestigen. Die Dampfsperre kann gleichzeitig zur Herstellung der Luftdichtheit des Daches beitragen. Zudem kann eine verklebte Dampfsperre als Notabdichtung in der Bauphase genutzt werden. > Abb. 40

Abb. 39: Trennlage auf Trapezblech   **Abb. 40: Dampfsperre und Notabdichtung bestehend aus einem bituminösen Anstrich und Bitumenbahnen**

Als Wärmedämmung unterhalb der Abdichtungsbahn können alle marktüblichen Dämmstoffe verwendet werden, wobei je nach Nutzung des Daches auf eine ausreichende Druckfestigkeit der Dämmstoffe zu achten ist. Bei Umkehrdächern sind jedoch nur wasserbeständige Dämmstoffe wie z. B. EPS, XPS oder Glasschaum einzusetzen, die bei Nässe ihre Dämmeigenschaften nicht verlieren. Im Randbereich zu öffenbaren, brandschutzrelevanten Bauteilen oder oberhalb von Brandwänden sind Dämmstoffe entsprechender Baustoffklassen, z.B. Mineralwollen, zu verwenden. Bei Trapezblechdächern sind ggf. zusätzlich z.B. an Durchdringungen die Sicken mit Formteilen auszudämmen, um eine bündige Unterlage zu schaffen. > Kap. Verwendete Materialien

Wärmedämmung

Um den Wasserdampfdruck unter der Dachabdichtung zu verteilen, ist ggf. eine Dampfdruckausgleichsschicht notwendig. Die Aufbringung der Bitumen- oder Kunststoffbahnen erfolgt lose verlegt oder punktweise verklebt.

Dampfdruckausgleichsschicht

Die Abdichtung bildet als wichtigste Schicht des Flachdachs die wasserführende Ebene des Daches aus. Als Abdichtungen kommen Bitumenbahnen, Kunststoffbahnen und Flüssigabdichtungen in Frage.

Abdichtung

Bei Dächern mit Bitumenbahnen als oberste Abdichtung wird diese in der Regel mehrlagig ausgeführt. Die einzelnen Lagen sind hierbei in Quer- und Längsrichtung versetzt zu verlegen. Der Mindestversatz beträgt bei mehrlagigen Abdichtungen 8 cm, bei einlagigen Abdichtungen 10 cm. Die Überlappungen sind vollflächig zu verkleben. > Abb. 40

Bitumenabdichtungen

Folienabdichtungen oder auch Kunststoffabdichtungen werden in der Regel einlagig ausgeführt und können, wie auch Bitumenbahnen, für genutzte, nicht genutzte oder erdüberschüttete Dächer verwendet werden. Je nach Einsatzbereich sind Bahnen auf der Basis von PVC, PIB oder flexiblen Polyolefinen mit oder ohne zusätzliche Einlage einzusetzen. Um eine zu große thermische Ausdehnung aufgrund der Sonneneinstrahlung zu vermeiden, werden meist helle Farben verwendet. > Abb. 42

Folien-/Kunststoffabdichtungen

Abb. 41: Dach mit oberster Abdichtung aus Bitumenbahnen

Auch hier sind überlappende Ränder je nach Fügeverfahren und Material in entsprechender Breite fest miteinander zu verbinden. Die Bahnen selbst müssen jedoch nicht vollflächig auf dem Dach verklebt werden; eine punktförmige Verklebung oder lose Verlegung mit zusätzlicher Befestigung über Leisten am Dachrand sind ausreichend.

Alternativ zu Kunststoffabdichtungen aus Bahnen sind auch vollflächige Abdichtungen mit Flüssigkunststoffen möglich. Je nach Untergrund ist eine entsprechende Vorbehandlung wie z.B. das Entfernen von Schmutz oder ein Anrauen zur Herstellung der Haftfähigkeit nötig. Flüssigkunststoffe werden als ein- oder mehrkomponentige Stoffe eingesetzt und beim Verlegen durch ein zusätzlich eingelegtes Vlies ergänzt. Im Gegensatz zu Bahnenabdichtungen ist dabei eine mechanische Befestigung an den Rändern nicht erforderlich. Die eingelegten Vliesbahnen sind jedoch zu überlappen. Im Bereich genutzter Dachflächen ist ggf. eine zusätzliche Schutzschicht erforderlich.

Flüssigkunststoffe können je nach Verträglichkeit mit Bitumen bzw. festen Kunststoffen auch gemeinsam mit diesen im Bereich von Durchdringungen und Anschlüssen verwendet werden.

Auflasten/Bekiesung Je nach Bedarf, z.B. bei einer unzureichenden Belastbarkeit der oberen Bahnen, können auf Bitumen- oder Foliendächern zusätzliche Schutzschichten oder Auflasten erforderlich werden. Diese können vollflächig in Form einer Kiesschicht oder durch zusätzliche strapazierfähige Bahnen, aber auch flächenbegrenzt durch unterschiedlichen Materialeinsatz im Bereich von Laufwegen ausgeführt werden. Dient die Kiesschicht auch dazu, das Abheben lose verlegter Bahnen zu verhindern, so ist diese mindestens 5 cm stark, je nach Gebäudehöhe auch stärker auszuführen. Auf ausreichend geschützten Abdichtungen sind auch begehbare Plattenbeläge möglich. > Abb. 43

Abb. 42: Foliendach **Abb. 43: Flachdach mit Kiesschicht**

GRÜNDÄCHER

Auf Flachdächern werden sehr häufig Gründächer eingeplant und teilweise sogar durch die Bauordnungen vorgeschrieben, da sie den durch die Gebäude versiegelten Flächen entgegenwirken. Neben der Verbesserung des Mikroklimas ist die Verzögerung des Wasserabflusses durch die Speicherung des Wassers in Substrat und Dränschichten ein positiver Effekt. Bei Gründachaufbauten ist darauf zu achten, dass eine Durchwurzelung der eigentlichen Abdichtungsschicht vermieden wird (z. B. durch Wurzelschutzbahnen) und die zusätzliche Belastung von ca. 70 bis zu mehreren 100 kg/m² in der Statik berücksichtigt wird. In Randbereichen, um Durchdringungen und nach jedem Brandabschnitt im Abstand von in der Regel 40 m sind zusätzlich Kiesstreifen zu berücksichtigen. Unter Berücksichtigung zusätzlicher Maßnahmen sind Gründächer auch bei geneigten Dächern möglich. Ab einer Dachneigung von ca. 15° werden Abfangkonstruktionen eingesetzt, die durch die Ausbildung von Schwellen in der Dachfläche ein Abrutschen des Substrates verhindern.

Bei Gründächern wird zwischen extensiven Begrünungen mit meist geringerer Aufbaustärke und intensiven Begrünungen unterschieden. Extensive Dachbegrünungen > Abb. 45 erfordern einen geringeren Pflegeaufwand und werden durch Pflanzen wie Moose oder Sukkulenten geprägt. Intensive Dachbegrünungen >Abb. 44 haben einen wesentlich höheren Aufbau und sind dadurch eine größere Belastung; jedoch sind hier auch Anpflanzungen von Bäumen, Gräsern und Stauden möglich.

Extensive und intensive Begrünung

Abb. 44: Dachfläche bekiest und intensiv begrünt, ca. 1 Monat nach Bepflanzung

Abb. 45: Extensive Dachbegrünung, ca. 5 Jahre nach Fertigstellung

	Schnitt	Schichten

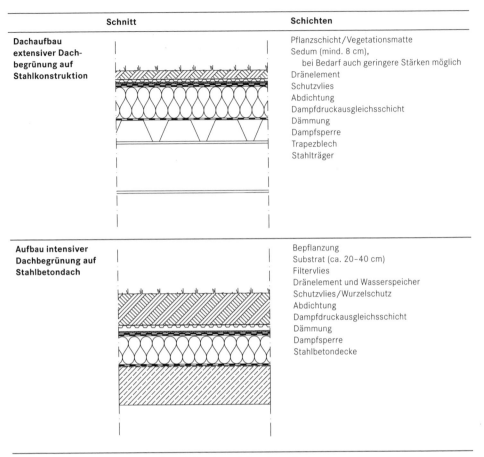

**Dachaufbau
extensiver Dach-
begrünung auf
Stahlkonstruktion**

Pflanzschicht/Vegetationsmatte
Sedum (mind. 8 cm),
    bei Bedarf auch geringere Stärken möglich
Dränelement
Schutzvlies
Abdichtung
Dampfdruckausgleichsschicht
Dämmung
Dampfsperre
Trapezblech
Stahlträger

**Aufbau intensiver
Dachbegrünung auf
Stahlbetondach**

Bepflanzung
Substrat (ca. 20–40 cm)
Filtervlies
Dränelement und Wasserspeicher
Schutzvlies/Wurzelschutz
Abdichtung
Dampfdruckausgleichsschicht
Dämmung
Dampfsperre
Stahlbetondecke

Abb. 46: Dachaufbauten eines extensiv und eines intensiv begrünten Daches

ENTWÄSSERUNG

Um eine Pfützenbildung auf der Fläche zu vermeiden, wird im Bereich der wasserführenden Ebene eine Neigung zu den Abläufen von mindestens 2 % benötigt. In der Regel wird hierzu eine Gefälledämmung verwendet, da die Tragkonstruktion eines Flachdachs meist ohne Neigung ausgeführt ist. Bei Hallentragwerken kann die Neigung jedoch bereits in der Konstruktion, z. B. durch geneigte Träger, berücksichtigt werden. Bei Gefälledämmungen sind die durch den Wärmeschutz vorgegebenen Mindestdämmstärken zu berücksichtigen. Zur Einhaltung können zunächst eine ebene Dämmlage in der Mindestdämmstärke und darauf vorgefertigte Gefälleplatten aufgebracht werden. Alternativ kann auch ein Gefälleestrich unterhalb der Dämmebene verwendet werden.

Die Entwässerung selbst erfolgt jeweils an den Tiefpunkten über Dachabläufe und kann außenliegend oder innenliegend durch das Gebäude über Fallrohre zu den Grundleitungen geführt werden. Innenliegende Entwässerungen müssen entsprechend wärmegedämmt werden und bergen Risiken bei Undichtigkeiten. Soll die Entwässerung daher nicht innerhalb des Gebäudes erfolgen, so kann im Randbereich eine Folienrinne ausgebildet werden, von der aus die Ableitung des Regenwassers über Fallleitungen innerhalb der Fassadenebene oder außenliegend nach unten und in die Grundleitungen erfolgt.

Bei beiden Varianten kann zwischen der Freispiegel- und der Druckentwässerung unterschieden werden. > Abb. 47 Zur Freispiegelentwässerung wird das Wasser von jedem Dachablauf über einzelne Fallleitungen in die im Gefälle verlegte Grundleitung eingeführt. Die Druckentwässerung zeichnet sich durch eine deutlich reduzierte Anzahl an Fallrohren aus, da das Wasser unmittelbar nach den Abläufen in eine Leitung zusammenführt wird und durch den Abfluss ein Unterdruck entsteht, der auch die Abflussgeschwindigkeiten erhöht. Dachabläufe sind zusätzlich mit einem Laub- und Kiesfang auszustatten, um ein Verstopfen zu vermeiden. Die erforderliche Anzahl und Größe der Dachabläufe wird anhand der Dachfläche, des Aufbaus und eines ortsspezifischen Wertes, der Normal- und Jahrhundertregenspende sowie nach der Art der Entwässerung nach vorgegebenen Bemessungsregeln berechnet. Bekiesungen und insbesondere Dachbegrünungen wirken sich positiv auf die Entwässerung aus, da die Gesamtregenmenge durch die Speichereigenschaften des Aufbaus deutlich reduziert und insgesamt zeitversetzt abgeführt wird.

Zusätzlich ist zu jedem regulären Entwässerungspunkt eine oberhalb des Tiefpunktes liegende Notentwässerung anzuordnen, über die die Entwässerung auch in Starkregenereignissen gewährleistet wird. Somit wird vermieden, dass Wasser sich auf dem Dach anstaut und die Konstruktion schädigt. Das hier anfallende Wasser darf jedoch nicht in die Kanalisation eingeleitet werden, damit im Falle eines Rückstaus im Leitungssystem trotzdem entwässert werden kann. Daher erfolgt die Notentwässerung über Speier direkt durch die Attika oder Fassade oder wird über ein Fallrohr entlang der Fassade bis oberhalb des Geländes geführt und dort frei entwässert. > Abb. 49, Abb. 50

Die Positionen der Entwässerungspunkte und darauf abgestimmten Gefälle mit den entstehenden Kehlen und Graten werden in einen Gefälleplan eingetragen. > Abb. 48

Freispiegel-/
Druckentwässerung

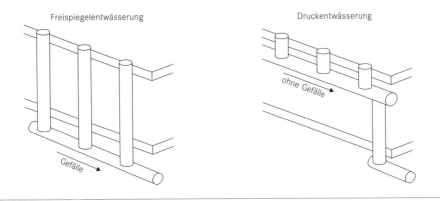

Freispiegelentwässerung

Druckentwässerung

ohne Gefälle →

Gefälle →

Abb. 47: Systemdarstellung der Freispiegel- und Druckentwässerung

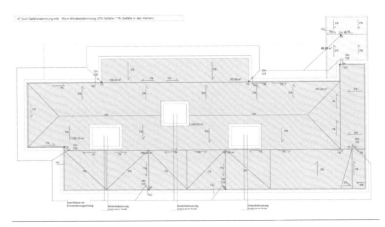

Abb. 48: Gefälleplan

Abb. 49: Einbau eines Dacheinlaufs in der Abdichtungsebene

Abb. 50: Außenliegendes Fallrohr mit Wasserfangkasten und danebenliegendem Speier als Notentwässerung

Zusätzliche Komponenten

ABSTURZSICHERUNG AUF DÄCHERN

Zur Herstellung von Abdichtungen und Eindeckungen, zu Wartungs-
beziehungsweise Instandhaltungszwecken von Dächern oder auch als
Zuwegung zu technischen Aufbauten bzw. zur Pflege von Gründächern
muss ein Dach sicher zu begehen sein. Daher ist im Rahmen der Planung
auch die Absturzsicherung zu berücksichtigen.

Die Entscheidung für ein bestimmtes Sicherungssystem hängt unter
anderem von der Dachneigung, dem Abstand des Verkehrswegs oder
Arbeitsbereichs zu möglichen Absturzkanten > Abb. 51, der Nutzung des
Dachs bzw. daraus resultierender Frequentierung und der Einsehbarkeit
der Dachflächen ab. Die Anforderungen des Arbeitsschutzes müssen bei
allen Systemen berücksichtigt werden, sodass entweder permanente
Sicherungen (Kollektivschutz) oder der Einsatz persönlicher Schutzaus-
rüstungen einzuplanen sind.

Im Bereich geneigter Dächer ist eine Sicherung insbesondere bei
Dachneigungen > 20° und Traufhöhen > 3 m vorzusehen. In der Regel
kommen Sicherheitsdachhaken gem. EN 517 zum Einsatz. > Abb. 52 Die
Haken sind beispielsweise durch Nägel fest in der tragenden Konstruktion zu verankern und können zum Einhängen von Dachdeckerleitern oder
zur Befestigung von Dachdeckerstühlen in den Haken und zum Anschla-
gen von Sicherheitsgurten innerhalb integrierter Ösen genutzt werden.
Unterschieden wird hier zwischen Typ A, der eine Sicherung in Richtung
der Falllinie der Dachfläche bewirkt, und Typ B, durch den Zugkräfte sowohl in Richtung der Falllinie als auch senkrecht dazu aufgenommen
werden können. In Einzelfällen kommen auch die nachfolgend beschriebenen Einzelanschlagpunkte oder Seilsicherungssysteme auf geneigten
Dächern zum Einsatz.

Absturzsicherung bei
geneigten Dächern

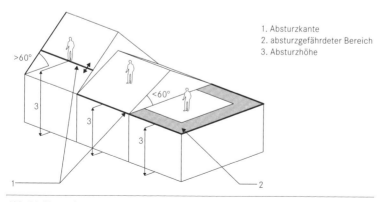

1. Absturzkante
2. absturzgefährdeter Bereich
3. Absturzhöhe

>60°
<60°
3

Abb. 51: Absturzkanten

Mögliche Aufnahmerichtungen von Zug-
kräften der Dachhakentypen A und B

Begriffe

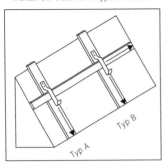

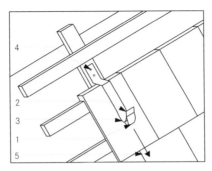

1. Öse
2. Haken
3. Hakengrund
4. Befestigungsmittel
5. Falllinie

Abb. 52: Unterscheidung der Typen von Sicherheitsdachhaken gem. DIN EN 517

Absturzsicherung
bei Flachdächern

Auf Flachdächern ist die Gefährdung besonders in den Randbereichen in einem Abstand von 2 m zu Absturzkanten und um Öffnungen wie
Lichtkuppeln am höchsten. Zur Sicherung für Arbeiten in gefährdeten
Bereichen bzw. des gesamten Daches können entweder Umwehrungen,
die einen Kollektivschutz bieten, oder Anschlagsysteme, für die zusätzlich eine persönliche Schutzausrüstung benötigt wird, verwendet werden.

Umwehrungen sind in der Regel mindestens 1 m hoch auszuführen.
Hierzu können eine erhöhte Attika oder ein Brüstungsgeländer > Abb. 53
dienen. Selbsttragende oder durch eine Auflast gehaltene Geländersys-
teme können einfach nachgerüstet werden und müssen die Dachhaut
nicht zusätzlich durch Befestigungen durchdringen. Des Weiteren ist der
Einsatz nicht auf Randbereiche begrenzt, und es können auch gezielte
Wege ein- oder beidseitig gesichert werden. Bei fest montierten Gelän-
dern im Bereich der Attika oder in der Dachfläche ist besonders auf die

Abb. 53: Montage- und Endzustand einer Geländerbefestigung mit Z-Winkeln unterhalb der Attikaabdeckung

Abdichtung der Durchdringungspunkte und bei umlaufend gedämmten Attiken auf die Vermeidung zusätzlicher Wärmebrücken zu achten. Je nach System werden Lösungen für die Montage seitlich in der Fassade oder auf der Innenseite der Attika, senkrecht auf der Attika und gerade nach oben oder unterhalb der Attikaabdeckung entlanggeführt und unmittelbar in der Dachfläche angeboten. > Abb. 54

seitlich auf der Innenseite der Attika befestigtes Geländer

auf der Oberkante der Attika befestigtes Geländer

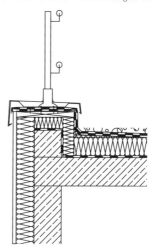

Befestigung eines Geländers innerhalb der Dachfläche

freitragendes Geländer

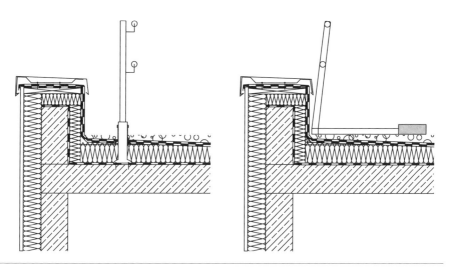

Abb. 54: Arten von Geländerbefestigungen

Anschlagsysteme gibt es in Form von liniengeführten Systemen und als Einzelanschlagpunkte. > Abb. 55 Alle Systeme können innerhalb der Dachfläche, aber auch an öffenbaren Bauteilen befestigt werden. Für die liniengeführten Schienen- oder Seilsicherungssysteme > Abb. 56 ist auch eine Führung überkopf, z. B. bei Gebäuderücksprüngen, möglich. Einzelanschlagpunkte, auch Sekuranten genannt, sind optisch wenig auffallend, sollten jedoch nur bei geringer Frequentierung des Daches genutzt werden, da der Sicherungsaufwand recht hoch ist. An einem Anschlagpunkt kann sich jeweils nur eine Person sichern, und aufgrund des sich immer wieder ändernden Abstandes zu den Absturzkanten ist ein regelmäßiges Nachjustieren des Sicherungsseils erforderlich, das zudem bei wechselnden Arbeitsplätzen immer wieder an einen neuen Punkt angeschlagen werden muss. Hinzu kommen, wie auch bei den liniengeführten Systemen, viele Durchdringungspunkte durch die Abdichtungsebenen. Schienen- und Seilsicherungssysteme hingegen können zur Sicherung von mehreren Personen zur selben Zeit genutzt werden. Sofern überfahrbare Systeme genutzt werden, ist nur ein einmaliges Sichern am Einstieg erforderlich. Gegenüber Schienensystemen haben Seilsicherungssysteme den Nachteil, dass sie regelmäßig nachgespannt werden müssen, da durchhängende Seile ggf. die Dachhaut beschädigen können oder bei
○ bekiesten Dächern selbst beschädigt werden.

Abb. 55: Montage- und Endeinbauzustand eines Einzelanschlagpunktes in einem Foliendach

Abb. 56: Seilsicherungssystem

○ **Hinweis**: Im Bereich von Lichtkuppeln/Lichtbändern kann auf eine Sicherung auf der Dachfläche wie z. B. ein zusätzliches umlaufendes Geländer verzichtet werden, sofern das Bauteil über eine integrierte Durchsturzsicherung z. B. in Form eines eingehängten Stabgitters verfügt.

FOTOVOLTAIK- UND KOLLEKTORANLAGEN

Auch wenn die Herstellung von Fotovoltaikanlagen selbst aus Umweltschutzgründen zu hinterfragen ist, werden sie regelmäßig zur Produktion von Strom aus Licht- und Sonnenenergie zur Einspeisung oder zur Deckung des Eigenbedarfs auf flachen oder geneigten Dachflächen angeordnet oder ersetzen sogar in der Form von Solardächern die eigentliche Eindeckung von geneigten Dächern. Ebenso werden Kollektorflächen zur Warmwassergewinnung eingesetzt.

Bei der Montage der einzelnen Module sind oft zusätzliche Bauteile und Durchführungen durch die Dachfläche nötig. Je nach Standort, Ausrichtung und Neigung der Module und möglichen verschattenden Umgebungseinflüssen ergeben sich der Wirkungsgrad und somit die mögliche Energiegewinnung. Die optimale Neigung der Module einer Fotovoltaikanlage beträgt in Deutschland ca. 30° bis 35° nach Süden für Spitzenlasten; zur Deckung von gleichbleibenden Grundlasten ist eine flachere Neigung in Ost-West-Ausrichtung sinnvoll.

Zur optimalen Ausrichtung von Kollektoren zur Warmwassergewinnung ist auch die geplante vorwiegende Verwendung des Wassers relevant, da z.B. Warmwasser zur Beheizung von Räumen vorwiegend in den Wintermonaten, warmes Trinkwasser jedoch das ganze Jahr über benötigt wird. Bei einer ganzjährigen Nutzung beträgt die optimale Neigung der Kollektoren in Deutschland ca. 40° bis 50° nach Süden.

Auf Flachdächern können Module oder Kollektoren fest auf der Tragkonstruktion montiert oder durchdringungsfrei mittels Auflast gehalten werden. Zusätzliche Lasten sind in jedem Fall bei der Bemessung der Tragkonstruktion zu berücksichtigen. Bei der Anordnung der Module ist zu berücksichtigen, dass diese in ausreichendem Abstand voneinander geplant werden, sodass sie sich nicht gegenseitig verschatten und ggf. ein Fußweg für Wartungszwecke freigehalten wird. Bei der Kombination mit Gründächern ist auch eine Verschattung durch den Bewuchs auszuschließen. Auch die zusätzliche Anbindung an den Blitzschutz muss gewährleistet sein. > Kap. Blitzschutz

Bei geneigten Dächern können die Anlagen auf die Deckung aufgesetzt werden, in die Deckung integriert werden oder die Deckung vollständig ersetzen. Bilden die Anlagenkomponenten die Dachdeckung, so ist darunterliegend ein wasserdichtes Unterdach anzuordnen. Befestigungssysteme und Durchdringungen sind entsprechend der Herstellerangaben anzufertigen und einzudichten. Bei der Anordnung der Komponenten oberhalb der Dachdeckung ist ein Abstand von mindestens 6 cm zur Durchlüftung einzuhalten. Ein teilweiser Ersatz der Dacheindeckung durch Module bzw. Kollektoren wird ähnlich wie ein Dachfenster mit entsprechenden Rahmen an die Deckung angeschlossen. > Abb. 57

Insgesamt ist bei der Anordnung von Fotovoltaikanlagen der Brandschutz besonders zu berücksichtigen, da durch den geführten Strom nicht nur die Entstehung von Bränden erleichtert wird, sondern auch die Löscharbeiten erschwert werden, sofern nicht entsprechende Sicherungsmaßnahmen vorgesehen werden.

geneigtes Dach –
oberhalb der Dachhaut montierte PV-Anlage

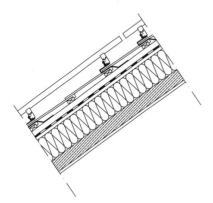

geneigtes Dach –
innerhalb der Dachhaut montierte PV-Anlage

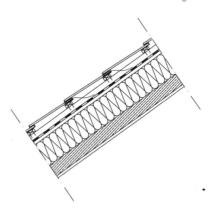

Flachdach – freitagende PV-Anlage auf
einer extensiv begrünten Dachfläche

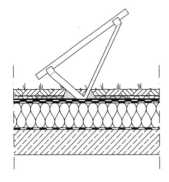

Flachdach – fest montierte PV-Anlage
auf Foliendach

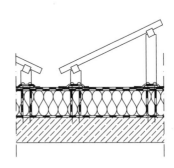

Abb. 57: Anordnung von Fotovoltaikanlagen auf geneigten und flachen Dächern

Schlusswort

In den vorherigen Kapiteln wurden verschiedene Dachformen, Materialien und Konstruktionen vorgestellt. Obwohl dieses Buch sich auf die einfachen Formen beschränkt, wird schnell klar, dass es aufgrund der vielen Kombinationsmöglichkeiten kein Standarddach gibt. Der Planer muss den Schichtenaufbau, alle Anschluss- und Abschlusspunkte sowie Durchdringungen klären und maßlich festlegen. Bei der Entwicklung der Details sollten folgende Punkte berücksichtigt werden:

Form:

— Sind die gewählte Dachform und gegebenenfalls die Gauben baurechtlich zulässig?
— Ist der Zugang gewährleistet?
— Passt die gewählte Dachkonstruktion zur Grundrissgröße und dem Grundrisszuschnitt?
— Passen die gewählten Materialien zum Gesamterscheinungsbild des Hauses und seiner Umgebung?

Ausführung:

— Sind Belichtung und Belüftung des Dachraumes gewährleistet?
— Ist das Gebäude an allen Außenflächen hinreichend wärmegedämmt (Giebel, Gauben, Dachflächen, Dachaufbauten, Rohrdurchführungen)?
— Schließt die Dämmung in allen Punkten an die Dämmebene der anschließenden Bauteile an (Wände, Balkone etc.)?
— Ist die Regensicherheit gewährleistet?
— Kann innerhalb des Bauteils anfallende Feuchte nach außen entweichen?
— Kann das Regenwasser auf allen Dachflächen ungehindert abfließen?
— Ist die Winddichtheit gewährleistet?
— Ist das Auftreten von Tauwasser (z. B. bei Durchdringungen) ausgeschlossen?
— Wird das Eindringen von Raumluftfeuchte in die Konstruktion, insbesondere in die Dämmung, an allen Punkten verhindert?

Neben allen konventionellen Ausführungen von Dächern bietet dieser Themenkomplex viel Raum zum Entwerfen. Neuinterpretationen von bekannten Bauteilen können spannende Elemente ergeben. Die Reduktion auf das Wesentliche hingegen betont die strenge Ordnung im Gesamtbild.

Trotz aller Normen und Vorschriften, die das Bauen reglementieren, sollte der Planer zuerst ein Dachkonzept entwickeln, das zum gesamten Entwurf passt – die konstruktive Umsetzung erfolgt im zweiten Schritt.

Anhang

LITERATUR

Bert Bielefeld (Hrsg.): *Basics Baukonstruktion,* Birkhäuser Verlag, Basel, 2015

Andrea Deplazes: *Architektur konstruieren – Vom Rohmaterial zum Bauwerk. Ein Handbuch,* 5. erweiterte Auflage, Birkhäuser Verlag, Basel 2018

Ulf Hestermann / Ludwig Rongen: *Frick/Knöll Baukonstruktionslehre 2,* 35. Auflage, Springer Vieweg, Wiesbaden 2018

Stefan Ibold: *Flachdachrichtlinie – Kommentar eines Sachverständigen,* 2. Auflage, Verlagsgesellschaft Rudolf Müller, Köln 2017

InformationsZentrum Beton GmbH: *Gut bedacht: Das massive Dach aus Beton* (Abrufdatum 24.09.2019)

Franz Krauss / Wilfried Führer / Claus-Christian Willems / Holger Techen: *Grundlagen der Tragwerklehre 2,* 7. überarbeitete Auflage, Verlagsgesellschaft Rudolf Müller, Köln 2011

Franz Krauss / Wilfried Führer / Thomas Jürges: *Tabellen zur Tragwerkslehre,* 12. überarbeitete Auflage, Verlagsgesellschaft Rudolf Müller, Köln 2014

Franz Krauss / Wilfried Führer / Hans Joachim Neukäther / Claus-Christian Willems / Holger Techen: *Grundlagen der Tragwerkslehre 1,* 12. überarbeitete Auflage, Verlagsgesellschaft Rudolf Müller, Köln 2014

Wolfram Pistohl / Christian Rechenauer: *Handbuch der Gebäudetechnik* Band 1 / Band 2, 9. Auflage, Bundesanzeiger Verlag, Köln 2016

Klaus-Jürgen Schneider / Andrej Albert / Joachim Heisel (Hrsg.): *Bautabellen für Architekten,* 23. Auflage, Bundesanzeiger Verlag, Köln 2018

Eberhard Schnuck / Hans Jochen Oster / Rainer Barthel / Kurt Kiessl: *Dach Atlas – Geneigte Dächer,* 4. überarbeitete Auflage, Birkhäuser Verlag, Basel 2012

Klaus Sedlbauer / Eberhard Schnuck / Rainer Barthel / Hartwig M. Künzel: *Flachdach Atlas,* Birkhäuser Verlag, Basel 2012

Zentralverband des Deutschen Dachdeckerhandwerks – Fachverband Dach-, Wand- und Abdichtungstechnik e. V. (Hrsg.): *Deutsches Dachdeckerhandwerk – Regeln für Abdichtungen,* 7. Auflage, Verlagsgesellschaft Rudolf Müller, Köln 2017

Zentralverband des Deutschen Dachdeckerhandwerks – Fachverband Dach-, Wand- und Abdichtungstechnik e. V. (Hrsg.): *Deutsches Dachdeckerhandwerk – Regeln für Dachdeckungen,* 11., aktualisierte Auflage, Verlagsgesellschaft Rudolf Müller, Köln 2018

NORMEN

Konstruktion

DIN EN 1991-1-1	Einwirkungen auf Tragwerke – Teil 1-1: Allgemeine Einwirkungen auf Tragwerke – Wichten, Eigengewicht und Nutzlasten im Hochbau
DIN EN 1991-1-2	Einwirkungen auf Tragwerke – Teil 1-2: Allgemeine Einwirkungen – Brandeinwirkungen auf Tragwerke
DIN EN 1991-1-3	Einwirkungen auf Tragwerke – Teil 1-3: Allgemeine Einwirkungen – Schneelasten
DIN EN 1991-1-4	Einwirkungen auf Tragwerke – Teil 1-4: Allgemeine Einwirkungen – Windlasten
DIN EN 1993-1-1	Bemessung und Konstruktion von Stahlbauten – Teil 1-1: Allgemeine Bemessungsregeln und Regeln für den Hochbau
DIN EN 1993-1-2	Bemessung und Konstruktion von Stahlbauten – Teil 1-2: Allgemeine Regeln – Tragwerksbemessung für den Brandfall
DIN EN 1995-1-1	Bemessung und Konstruktion von Holzbauten – Teil 1-1: Allgemeines – Allgemeine Regeln und Regeln für den Hochbau
DIN EN 1995-1-2	Bemessung und Konstruktion von Holzbauten – Teil 1-2: Allgemeine Regeln – Tragwerksbemessung für den Brandfall
DIN 1052-10	Herstellung und Ausführung von Holzbauwerken – Teil 10: Ergänzende Bestimmungen
DIN 1045	Tragwerke aus Beton, Stahlbeton und Spannbeton

Eindeckung

DIN EN 490	Dach- und Formsteine aus Beton für Dächer und Wandbekleidungen – Produktspezifikationen
DIN EN 491	Dach- und Formsteine aus Beton für Dächer und Wandbekleidungen – Prüfverfahren
DIN EN 492	Faserzement-Dachplatten und dazu gehörende Formteile – Produktspezifikationen und Prüfverfahren
DIN EN 501	Dacheindeckungsprodukte aus Metallblech – Festlegung für vollflächig unterstützte Bedachungselemente aus Zinkblech
DIN EN 502	Dacheindeckungsprodukte aus Metallblech – Spezifikation für vollflächig unterstützte Dachdeckungsprodukte aus nichtrostendem Stahlblech
DIN EN 538	Tondachziegel für überlappende Verlegung – Prüfung der Biegetragfähigkeit
DIN EN 539-1	Dachziegel für überlappende Verlegung – Bestimmung der physikalischen Eigenschaften – Teil 1: Prüfung der Wasserundurchlässigkeit
DIN EN 539-2	Dachziegel für überdeckende Verlegung – Bestimmung der physikalischen Eigenschaften – Teil 2: Prüfung der Frostwiderstandsfähigkeit
DIN EN 1024	Tondachziegel für überlappende Verlegung – Bestimmung der geometrischen Kennwerte
Din EN 1304	Dachziegel und Formziegel – Begriffe und Produktanforderungen
DIN EN 12326	Schiefer und Naturstein für überlappende Dachdeckungen und Außenwandbekleidungen
FLL Dachbegrünungen	Richtlinie für Planung, Bau und Instandhaltung von Dachbegrünungen (Dachbegrünungsrichtlinie)

Abdichtung

DIN 18531	Abdichtung von Dächern sowie von Balkonen, Loggien und Laubengängen
DIN 18195	Abdichtung von Bauwerken
DIN EN 495	Abdichtungsbahnen
DIN EN 1107	Abdichtungsbahnen – Bestimmung der Maßhaltigkeit
DIN EN 1108	Abdichtungsbahnen – Bitumenbahnen für Dachabdichtungen
DIN EN 13859	Abdichtungsbahnen – Definitionen und Eigenschaften von Unterdeck- und Unterspannbahnen
	Fachregeln für Abdichtungen – Flachdachrichtlinie

Dämmung

DIN 4108	Wärmeschutz und Energie-Einsparung in Gebäuden. Beiblatt 2, Wärmebrücken – Planungs- und Ausführungsbeispiele
DIN 4108-2	Wärmeschutz und Energie-Einsparung in Gebäuden – Teil 2: Mindestanforderungen an den Wärmeschutz
DIN 4108-3	Wärmeschutz und Energie-Einsparung in Gebäuden – Teil 3: Klimabedingter Feuchteschutz – Anforderungen, Berechnungs- verfahren und Hinweise für Planung und Ausführung
DIN 4108-4	Wärmeschutz und Energie-Einsparung in Gebäuden –– Teil 4: Wärme- und feuchteschutztechnische Bemessungswerte
DIN V 4108-6	Wärmeschutz und Energie-Einsparung in Gebäuden – Teil 6: Berech- nung des Jahresheizwärme- und des Jahresheizenergiebedarfs
DIN 4108-7	Wärmeschutz und Energie-Einsparung in Gebäuden – Teil 7: Luftdichtheit von Gebäuden – Anforderungen, Planungs- und Ausführungsempfehlungen sowie -beispiele
EnEV	Verordnung über energiesparenden Wärmeschutz und energie- sparende Anlagentechnik bei Gebäuden

Brandschutz

DIN EN 12101-2	Rauch- und Wärmefreihaltung – Teil 2: Natürliche Rauch- und Wärmeabzugsgeräte
DIN EN 1365	Feuerwiderstandsprüfungen für tragende Bauteile – Teil 2: Decken und Dächer
DIN EN 13502-5	Klassifizierung von Bauprodukten und Bauarten zu ihrem Brand- verhalten – Teil 5: Klassifizierung mit den Ergebnissen aus Prüfungen von Bedachungen bei Beanspruchung durch Feuer von außen
DIN CEN/TS 1187	Prüfverfahren zur Beanspruchung von Bedachungen durch Feuer von außen
DIN 18234	Baulicher Brandschutz großflächiger Dächer – Brandbeanspruchung von unten Teile 1–4
DIN 4102-7	Brandverhalten von Baustoffen und Bauteilen – Teil 7: Bedachungen – Anforderungen und Prüfungen

Sicherung

DIN 4426	Einrichtungen zur Instandhaltung baulicher Anlagen – Sicherheits- technische Anforderungen an Arbeitsplätze und Verkehrswege – Planung und Ausführung
DIN EN 516	Vorgefertigte Zubehörteile für Dacheindeckungen – Einrichtungen zum Betreten des Daches – Laufstege, Trittflächen und Einzeltritte

DIN EN 517	Vorgefertigte Zubehörteile für Dacheindeckungen – Sicherheits-dachhaken
DIN EN 795	Persönliche Arbeitsschutzausrüstung – Anschlageinrichtungen
DIN EN 13374	Temporäre Seitenschutzsysteme
DIN EN 17235	Entwurf: Permanente Anschlageinrichtungen und Sicherheitsdach-haken

Entwässerung

DIN 1986-100	Entwässerungsanlagen für Gebäude und Grundstücke – Teil 100: Bestimmungen in Verbindung mit DIN EN 752 und DIN EN 12056
DIN EN 612	Hängedachrinnen, Regenfallrohre außerhalb von Gebäuden und Zubehörteile aus Metall
DIN EN 12056-3	Schwerkraftentwässerungsanlagen innerhalb von Gebäuden – Teil 3: Dachentwässerung, Planung und Bemessung
ZVDH	Hinweise Merkblatt zur Bemessung von Entwässerungen

Sonstige Elemente

DIN EN 1873	Vorgefertigte Zubehörteile für Dachdeckungen – Lichtkuppeln aus Kunststoff

BILDNACHWEIS

Abbildungen 1, 4, 6, 11, 18, 19, 21, 27, 28, 29, 30 und 31,
sowie Tabelle 1 und Tabelle 6 in Anlehnung an Tanja Brotrück
aus der 1. Auflage des Bandes „Dachkonstruktion" aus der
Basics-Reihe.

Abbildungen 7, 13, 14, 15, 16, 23 und 48: Bert Bielefeld, Dortmund.

Alle übrigen Abbildungen stammen von der Autorin.

DIE AUTORIN

Ann-Christin Siegemund, B.Sc., arbeitet als Architektin in Dortmund.

Basics Stahlbau
Katrin Hanses
ISBN 978-3-0356-0364-4
Basics Tragsysteme
Alfred Meistermann
ISBN 978-3-7643-8091-5

Als Kompendium erschienen:
Basics Baukonstruktion
Bert Bielefeld (Hrsg.)
ISBN 978-3-0356-0371-2

Berufspraxis
Basics Bauvertrag
Bert Bielefeld
ISBN 978-3-0356-1562-3

Basics Ausschreibung
Tim Brandt,
Sebastian Franssen
ISBN 978-3-03821-518-9

Basics Bauleitung
Lars-Phillip Rusch
ISBN 978-3-03821-519-6

Basics Kostenplanung
Bert Bielefeld, Roland Schneider
ISBN 978-3-03821-530-1

Basics Projektplanung
Hartmut Klein
ISBN 978-3-7643-8468-5

Basics Terminplanung
Bert Bielefeld
ISBN 978-3-7643-8872-0

Basics Projektsteuerung
Pecco Becker
ISBN 978-3-0356-1695-8

Als Kompendium erschienen:
Basics Projekt Management
Architektur
Bert Bielefeld (Hrsg.)
ISBN 978-3-03821-461-8

Städtebau
Basics Stadtanalyse
Gerrit Schwalbach
ISBN 978-3-7643-8937-6

Basics Stadtbausteine
Th. Bürklin, M. Peterek
ISBN 978-3-0356-1002-4

Bauphysik und Haustechnik
Basics Elektroplanung
Peter Wotschke
ISBN 978-3-0356-0931-8

Basics Lichtplanung
Roman Skowranek
ISBN 978-3-0356- 0929-5

Basics Raumkonditionierung
Oliver Klein, Jörg Schlenger
ISBN 978-3-7643-8663-4

Basics Wasserkreislauf im Gebäude
Doris Haas-Arndt
ISBN 978-3-0356-0565-5

Als Kompendium erschienen:
Basics Gebäudetechnik
Bert Bielefeld (Hrsg.)
ISBN 978-3-0356-0927-1

Bert Bielefeld (Hrsg.)

Architektur planen
Dimensionen, Räume,
Typologien

SEITEN	568
FORMAT	24,0 × 30,0 cm
PRINT GEB.	EUR [D] 119.95 / USD 168.00 / GBP 89.99
	978-3-0356-0318-7 DE
PRINT BR.	EUR [D] 69.95 / USD 98.00 / GBP 52.99
	978-3-0356-0320-0 DE

Bei der Ausformulierung eines Entwurfs-
konzeptes in eine realisierbare Planung
bewegen sich Architekten permanent
zwischen zwei Betrachtungsebenen:
der konkreten Entwurfsaufgabe im
Kontext der Planungstypologien wie
Wohngebäude, Bürobau, Museum oder
Flughafen und dem einzelnen Raum wie
Küche, Büro, Klassenzimmer, Sanitär-
räume, Lagerräume etc.
Konsequent gibt *Architektur planen* dem
Architekten und Studenten ein durch-
dachtes Planungsinstrument an die Hand,
in dem sich zwei Hauptteile ergänzen:
die „Räume" und die „Typologien", zwischen
denen der Planer je nach Betrachtungs-
maßstab flexibel hin und her wechseln
kann. Alle planungsrelevanten Informati-
onen werden hierfür detailliert, übersicht-
lich und im Zusammenhang präsentiert.
Flankiert werden diese beiden Teile durch
ein Einleitungskapitel, das die Grundlagen und Rahmenbedingungen für das
typologische Entwerfen erläutert, und
durch ein „Nachschlagewerk" am Schluss
des Buches, in dem allgemeine Maße und
Einheiten, Vorschriften und Normen über-
sichtlich zusammengestellt sind.

Konzept: Bert Bielefeld, Annette Gref
Lektorat: Annette Gref, Sarah Schwarz
Projektkoordination: Annette Gref
Herstellung: Amelie Solbrig
Layout und Covergestaltung: Andreas Hidber
Satz: Sven Schrape

Papier: Magno Natural, 120 g/m²
Druck: Beltz Grafische Betriebe GmbH,
Bad Langensalza

Bibliografische Information der Deutschen
Nationalbibliothek
Die Deutsche Nationalbibliothek verzeichnet
diese Publikation in der Deutschen Nationalbib-
liografie; detaillierte bibliografische Daten sind
im Internet über http://dnb.dnb.de abrufbar.

ISBN 978-3-0356-1941-6
e-ISBN (PDF) 978-3-0356-1960-7
e-ISBN (EPUB) 978-3-0356-1943-0
Englisch Print-ISBN 978-3-0356-1942-3

© 2020 Birkhäuser Verlag GmbH, Basel
Postfach 44, 4009 Basel, Schweiz
Ein Unternehmen der Walter de Gruyter GmbH,
Berlin/Boston

9 8 7 6 5 4 3 2 1
www.birkhauser.com